AF525327

Iris Rüberg

Basische Ernährung

— KOCHBUCH —

Email: info@edition-lunerion.de
www.edition-lunerion.de

Psiana eCom UG
Berumer Str. 44
26844 Jemgum

Vorwort

Sie wissen, dass Ihre Ernährung nicht optimal ist, und möchten endlich den ersten Schritt zu einer Umstellung wagen? Dabei sollen Gesundheit und Hochgenuss gleichermaßen im Vordergrund stehen? Und das Ganze darf gerne auch noch alltagstauglich und einfach sein? Dann ist basische Ernährung genau das, wonach Sie suchen!

Dieses Kochbuch präsentiert Ihnen eine Riesenauswahl an köstlichen Schlemmereien, mit denen Sie Ihren Säure-Basen-Haushalt in kürzester Zeit wieder in Balance bringen und Ihre Ernährung rundum gesund gestalten.

Fleischfans, Fischfreunde, Veggies und Naschkatzen kommen hier gleichermaßen auf ihre Kosten und entdecken feine Vorspeisen, deftige Hauptgerichte, knackige Salate, verführerische Desserts und vieles mehr.

Dank kinderleichter Schritt-für-Schritt-Rezepte und kompakt-verständlicher Basic-Infos rund um den Säure-Basen-Haushalt holen Sie künftig das Maximum aus jeder Mahlzeit für Ihre Gesundheit heraus!

Guten Appetit!

INHALT

Salate 24

Brote 34

Aufstriche/Cremes/Soßen 43

Einstieg in die basenreiche Ernährung

Das Geheimnis eines gesunden Lebens liegt oft in den einfachen Dingen – frischer Luft, ausreichender Bewegung, positiven Beziehungen und natürlich einer ausgewogenen Ernährung. Das Konzept der basenreichen Ernährung, das im Zentrum dieses Buches steht, bietet einen faszinierenden Ansatz, um das Beste aus der Ernährung herauszuholen.

Jeder Leser, der dieses Buch aufschlägt, betritt eine neue Welt der Möglichkeiten. Eine Welt, in der es nicht nur darum geht, was auf dem Teller liegt, sondern auch darum, wie dieses Essen den Körper von innen heraus beeinflusst. Das hier dargebotene Wissen ist das Resultat jahrelanger Forschung, Erfahrung und leidenschaftlichen Interesses an der Wirkung, die unsere Ernährung auf uns hat. Das Hauptaugenmerk liegt auf dem Konzept der basenreichen Ernährung – eine Philosophie, die sich darauf konzentriert, den Körper ins Gleichgewicht zu bringen, indem sie Säuren und Basen in Balance hält. Es ist ein Konzept, das den Körper nicht nur ernährt, sondern auch heilt und revitalisiert.

Die basenreiche Ernährung ist keine kurzlebige Diät, sondern eine langfristige Ernährungsstrategie, die darauf abzielt, das allgemeine Wohlbefinden zu steigern. Sie ist flexibel, vielseitig und kann auf jeden individuellen Lebensstil zugeschnitten werden. Sie ist nicht dogmatisch, sondern eher ein

Leitfaden, der hilft, bewusstere Entscheidungen in Bezug auf die Ernährung zu treffen. Das vorliegende Buch dient als hilfreicher Begleiter auf dem Weg zu einer basenreichen Ernährung. Es ist prall gefüllt mit leckeren Rezepten, die den Körper nähren und das Gleichgewicht von Säuren und Basen fördern. Darüber hinaus enthält es eine Fülle von Informationen über die Theorie und Praxis der basenreichen Ernährung, die dazu beitragen, das Verständnis für diese Ernährungsform zu vertiefen. Letztlich geht es bei diesem Buch nicht nur um Ernährung, sondern um eine umfassendere Betrachtung von Gesundheit und Wohlbefinden. Es geht um eine Veränderung des Lebensstils und des Denkens – um ein tieferes Bewusstsein für das, was dem Körper guttut und was nicht. Auf den folgenden Seiten erwartet Sie eine Fülle von Erkenntnissen, Inspirationen und Ideen. Ob Neuling in der Welt der basenreichen Ernährung oder erfahrener Praktiker, dieses Buch hält für jeden etwas bereit. Es ist eine Einladung, den eigenen Weg zu einer gesünderen und zufriedeneren Lebensweise zu entdecken.

Dieses Buch ist ein Anfang. Ein erster Schritt auf einer Reise zur Verbesserung der Gesundheit und des Wohlbefindens. Es ist ein Kompass, der den Weg zu einer ausgewogeneren und vitalisierenden Ernährungsweise weist. Viel Freude beim Entdecken eines neuen Lebensstils.

WAS IST EINE BASENREICHE ERNÄHRUNG?

Bei der basenreichen Ernährung handelt es sich um eine Ernährungsform, die dazu beiträgt, den Säure-Basen-Haushalt im Körper auszugleichen. In unserem Körper finden ständig Stoffwechselvorgänge statt, bei denen Säuren und Basen entstehen. Ein gesunder Körper ist in der Lage, diese beiden Elemente in einem ausgewogenen Verhältnis zu halten, bekannt als der pH-Wert. Ein optimaler pH-Wert liegt im leicht basischen Bereich.

Die moderne Ernährungsweise jedoch, die häufig durch den Konsum von verarbeiteten Lebensmitteln, Fleisch, Käse und Zucker gekennzeichnet ist, kann zu einer Übersäuerung des Körpers führen, da diese Nahrungsmittel überwiegend säurebildend sind. Hier setzt die basenreiche Ernährung an, indem sie den Fokus auf den Verzehr von Lebensmitteln legt, die bei der Verstoffwechselung Basen bilden. Hierzu zählen insbesondere Obst, Gemüse, Kräuter, Samen und Nüsse.

Eine basenreiche Ernährung bedeutet jedoch nicht, säurebildende Lebensmittel völlig zu meiden. Vielmehr geht es um ein ausgewogenes Verhältnis und das Streben nach einer Ernährungsweise, die den Körper in seiner natürlichen Fähigkeit unterstützt, ein gesundes Gleichgewicht zwischen Säuren und Basen aufrechtzuerhalten.

In diesem Sinne ist die basenreiche Ernährung kein starres Ernährungsregime, sondern eine flexible, ganzheitliche Herangehensweise an die Ernährung. Sie ermutigt zu bewussteren Entscheidungen bei der Auswahl der Lebensmittel und legt Wert auf Qualität, Natürlichkeit und Frische. Damit trägt sie dazu bei, das allgemeine Wohlbefinden zu verbessern, das Energieniveau zu erhöhen und die langfristige Gesundheit zu fördern.

DER NUTZEN EINER BASENREICHEN ERNÄHRUNG FÜR DIE GESUNDHEIT

Eine basenreiche Ernährung bringt zahlreiche gesundheitliche Vorteile mit sich, die weit über die reine Regulierung des Säure-Basen-Haushalts hinausgehen. In erster Linie fördert sie die allgemeine Gesundheit und Vitalität, da die bevorzugten Nahrungsmittel in der Regel reich an Vitaminen, Mineralstoffen und Ballaststoffen sind.

Erste Anzeichen einer Übersäuerung des Körpers können vielfältig sein und reichen von Müdigkeit und Abgeschlagenheit über Hautprobleme bis hin zu Verdauungsbeschwerden. Durch die Umstellung auf eine basenreiche Ernährung können diese Symptome gemildert oder gar beseitigt werden. Eine ausgewogene Säure-Basen-Balance wirkt sich zudem positiv auf das Immunsystem aus und kann das Risiko für verschiedene Erkrankungen reduzieren.

Darüber hinaus kann sie einen wichtigen Beitrag zur Gewichtsregulierung leisten. Da basische Lebensmittel in der Regel einen geringen Energiewert haben und zugleich sättigend wirken, kann eine basenreiche Ernährung helfen, das Körpergewicht zu kontrollieren und die Gewichtsabnahme zu fördern.

Ebenso kann eine basenreiche Ernährung positive Effekte auf das Muskel-Skelett-System haben. Ein ausgewogener Säure-Basen-Haushalt hilft dabei, die Struktur und Funktion der Knochen zu erhalten, und kann vor Osteoporose schützen.

Auch auf das Herz-Kreislauf-System kann sich eine basenreiche Ernährung positiv auswirken. Eine gesunde Balance zwischen Säuren und Basen im Körper kann das Risiko für Herzerkrankungen senken, indem sie die Gesundheit der Blutgefäße fördert und den Blutdruck reguliert.

Schließlich trägt eine basenreiche Ernährung zu mentaler Klarheit und verbessertem Wohlbefinden bei. Ein ausgewogener Säure-Basen-Haushalt kann zur Verbesserung der Stimmung und zur Verringerung von Stress und Angst beitragen.

Letztendlich bietet diese Ernährungsweise einen ganzheitlichen Ansatz zur Verbesserung der Gesundheit auf vielen Ebenen. Indem sie das Gleichgewicht des Körpers fördert und seine natürlichen Heilungsprozesse unterstützt, kann sie dazu beitragen, das Potenzial für ein langes, gesundes und erfülltes Leben zu maximieren.

DER SÄURE-BASEN-HAUSHALT IM KÖRPER: EIN KURZER EINBLICK

Unser Körper verfügt über erstaunliche Regulierungsmechanismen, die ständig arbeiten, um ein stabiles internes Umfeld aufrechtzuerhalten, unabhängig von den wechselnden Bedingungen außerhalb. Eines dieser Gleichgewichte, die unser Körper ständig aufrechterhält, ist der Säure-Basen-Haushalt.

Dieser Haushalt stellt sicher, dass das Blut immer einen nahezu neutralen pH-Wert hat, d. h., es ist weder zu sauer noch zu basisch. Der pH-Wert misst, wie sauer oder basisch eine Lösung ist und reicht von 0 (sehr sauer) bis 14 (sehr basisch). Das Blut des menschlichen Körpers hat idealerweise einen pH-Wert zwischen 7,35 und 7,45, was leicht basisch ist.

Säuren und Basen entstehen im Körper als natürliche Nebenprodukte verschiedener Stoffwechselprozesse. Zum Beispiel wird Kohlendioxid, eine schwache Säure, bei der Zellatmung produziert und vom Körper über die Lunge abgeatmet. Einige der Lebensmittel, die wir konsumieren, können jedoch den Säure-Basen-Haushalt des Körpers beeinflussen.

Während der Verdauung werden alle Nahrungsmittel, die wir zu uns nehmen, in den Magen und Darm abgebaut und ihre Bestandteile werden ins Blut aufgenommen. Einige Lebensmittel, wie Fleisch und Getreide, neigen dazu, Säure zu bilden, während andere, wie Obst und Gemüse, dazu neigen, Basen zu bilden. Ein Überwiegen von säurebildenden Lebensmitteln in der Ernährung kann dazu führen, dass der Körper härter arbeiten muss, um das Säure-Basen-Gleichgewicht zu erhalten.

Die Nieren spielen eine Schlüsselrolle bei der Regulierung des Säure-Basen-Haushalts. Sie tun dies, indem sie überschüssige Säuren im Urin ausscheiden und Bicarbonat, eine Base, ins Blut abgeben. Wenn der Körper jedoch über einen längeren Zeitraum zu viele Säuren produziert, kann es für die Nieren schwierig werden, Schritt zu halten, und es kann zu einer Übersäuerung des Körpers kommen. Diese Übersäuerung kann zu gesundheitlichen Problemen führen, von denen einige bereits in den vorherigen Abschnitten diskutiert wurden.

Eine basenreiche Ernährung kann dazu beitragen, dieses Gleichgewicht wiederherzustellen und zu erhalten, indem sie den Verzehr von basischen Lebensmitteln fördert und somit die Säurelast verringert, die der Körper bewältigen muss. Auf diese Weise unterstützt sie den Körper in seiner natürlichen Fähigkeit, einen gesunden pH-Wert aufrechtzuerhalten.

Die Grundlagen

WELCHE LEBENSMITTEL SIND BASISCH, WELCHE SIND SAUER?

Um eine Ernährung zu unterstützen, die den Säure-Basen-Haushalt fördert, ist es nützlich, ein klares Verständnis davon zu haben, welche Lebensmittel als basisch und welche als sauer eingestuft werden. Basische Lebensmittel sind in der Regel pflanzliche Produkte, die eine Vielzahl von Mineralien enthalten. Obst und Gemüse fallen in diese Kategorie, insbesondere Blattgemüse, Wurzelgemüse, Zitrusfrüchte, Bananen, Beeren, Äpfel, Ananas, Avocados, Tomaten, Gurken, Sellerie und viele andere. Hülsenfrüchte, Nüsse und Samen gelten auch als basische Lebensmittel, ebenso wie einige Getreidesorten, wie zum Beispiel Hirse und Quinoa.

Gleichzeitig sind viele tierische Produkte und einige pflanzliche Lebensmittel sauer. Fleisch, Fisch, Geflügel, Eier und Milchprodukte fallen in diese Kategorie. Getreideprodukte, insbesondere diejenigen aus raffiniertem Weißmehl, sowie bestimmte Nüsse und Hülsenfrüchte, einschließlich Erdnüssen und Linsen, werden auch als sauer eingestuft. Kaffee, Alkohol und Zucker sind ebenfalls säurebildende Substanzen.

Darüber hinaus bedeutet die Klassifizierung eines Lebensmittels als sauer oder basisch nicht, dass es die gleiche Wirkung auf jeden Menschen hat. Der Stoffwechsel ist ein hochkomplexer Prozess, der von vielen Faktoren beeinflusst wird, einschließlich genetischer Unterschiede. Daher kann die Wirkung eines bestimmten Lebensmittels auf den Säure-Basen-Haushalt von Person zu Person variieren. Es ist immer ratsam, auf die Signale des eigenen Körpers zu hören und gegebenenfalls die Ernährung entsprechend anzupassen.

WIE MAN DEN SÄURE-BASEN-HAUSHALT MISST

Der Säure-Basen-Haushalt des Körpers spielt eine wichtige Rolle für unsere Gesundheit und unser Wohlbefinden. Aber wie kann man ihn messen? Es gibt verschiedene Möglichkeiten, dies zu tun, und sie können uns wertvolle Informationen über unseren aktuellen gesundheitlichen Zustand liefern.

Eine gängige Methode zur Messung des Säure-Basen-Haushalts ist der Urin-pH-Test. Dabei wird der pH-Wert des Urins gemessen, um einen allgemeinen Überblick über den Säure-Basen-Haushalt des Körpers zu erhalten. Diese Methode ist relativ einfach durchzuführen und erfordert nur einen speziellen Teststreifen, den man in einer Apotheke oder online kaufen kann. Man sollte jedoch beachten, dass der pH-Wert des Urins im Laufe des Tages schwankt und von vielen Faktoren, wie der Ernährung und Flüssigkeitsaufnahme, beeinflusst wird. Daher sollten die Testergebnisse als grobe Richtlinie und nicht als absolute Wahrheit betrachtet werden.

Ein weiterer Weg, um den Säure-Basen-Haushalt zu bestimmen, ist die Messung des Blut-pH-Werts. Dieser Test ist genauer als der Urin-pH-Test, sollte jedoch von medizinischem Fachpersonal durchgeführt werden, da er eine Blutentnahme erfordert. Der normale pH-Wert des Blutes liegt zwischen 7,35 und 7,45, wobei Werte unter 7,35 auf eine Übersäuerung (Acidose) und Werte über 7,45 auf eine Überbasenbildung (Alkalose) hinweisen.

Schließlich gibt es die Atemgasanalyse, eine neuere Methode, die das in der Ausatmungsluft enthaltene Kohlendioxid misst. Da Kohlendioxid ein saures Produkt des Stoffwechsels ist, kann seine Menge in der Ausatmungsluft Aufschluss über den Säure-Basen-Haushalt geben.

Es ist wichtig, zu betonen, dass diese Tests nur Momentaufnahmen darstellen und der Säure-Basen-Haushalt des Körpers ständig im Wandel ist. Eine ausgewogene Ernährung und ein gesunder Lebensstil tragen wesentlich dazu bei, diesen Haushalt im Gleichgewicht zu halten.

Alltagstipps

ANFÄNGERLEITFADEN: WIE MAN EINE BASENREICHE ERNÄHRUNG BEGINNT

Der Einstieg in eine basenreiche Ernährung kann anfangs eine Herausforderung sein, insbesondere, wenn man sich bisher eher unausgewogen ernährt hat. Hier sind einige hilfreiche Schritte, um diesen Übergang zu erleichtern:

Schritt 1: Lernen und Verstehen

Bevor man mit einer Umstellung der Ernährung beginnt, ist es wichtig, sich über die Grundlagen der basenreichen Ernährung zu informieren. Verstehen Sie, welche Lebensmittel als basisch oder sauer eingestuft werden und warum. Dieses Wissen wird helfen, informierte Entscheidungen zu treffen und die Ernährungsumstellung erfolgreich zu gestalten.

Schritt 2: Schrittweise Umstellung

Eine radikale Ernährungsumstellung kann schwer durchzuhalten sein. Beginnen Sie stattdessen schrittweise, indem Sie nach und nach mehr basische Lebensmittel in Ihre Ernährung einbauen und saure Lebensmittel reduzieren. Ziel ist es, eine ausgewogene Ernährung zu erreichen, die hauptsächlich, aber nicht ausschließlich, aus basischen Lebensmitteln besteht.

Schritt 3: Planen und Vorbereiten

Planen Sie Ihre Mahlzeiten im Voraus. Das hilft dabei, gesunde Entscheidungen zu treffen und sich an die basenreiche Ernährung zu halten. Bereiten Sie Ihre Lebensmittel so weit wie möglich selbst zu, um Kontrolle über die Zutaten zu haben und Zusatzstoffe zu vermeiden.

Schritt 4: Trinken Sie viel Wasser

Wasser ist essenziell für die Regulierung des Säure-Basen-Haushalts. Trinken Sie regelmäßig und ausreichend, vorzugsweise stilles Wasser, Kräutertees oder verdünnte Gemüsesäfte.

Schritt 5: Regelmäßige Bewegung

Auch körperliche Aktivität kann den Säure-Basen-Haushalt positiv beeinflussen, indem sie die Ausscheidung von Säuren über die Atmung und den Schweiß fördert. Finden Sie eine Sportart, die Ihnen Spaß macht und in Ihren Alltag passt.

Schritt 6: Hören Sie auf Ihren Körper

Jeder Körper reagiert anders auf Veränderungen in der Ernährung. Beobachten Sie, wie Ihr Körper auf die basenreiche Ernährung reagiert, und passen Sie sie gegebenenfalls an. Wenn Sie sich unsicher sind, suchen Sie Rat bei einem Ernährungsberater oder Arzt.

Denken Sie daran, dass der Übergang zu einer basenreichen Ernährung kein schneller Prozess ist. Es erfordert Geduld und Engagement, aber die potenziellen gesundheitlichen Vorteile sind es wert. Mit Zeit und Übung wird die basenreiche Ernährung zur Gewohnheit und Teil eines gesunden Lebensstils.

BASISCHE MAHLZEITENPLANUNG UND EINKAUFSTIPPS

Eine basenreiche Ernährung zu verfolgen, erfordert einiges an Planung und Vorbereitung. Die folgenden Ratschläge können Ihnen dabei helfen, Ihre Mahlzeiten im Voraus zu planen und Ihre Einkäufe entsprechend zu gestalten:

1. Mahlzeiten im Voraus planen

Nehmen Sie sich Zeit, um Ihre Mahlzeiten für die Woche zu planen. Überlegen Sie, welche basenreichen Lebensmittel Sie gerne essen würden und welche Rezepte Sie ausprobieren möchten. Eine gründliche Planung hilft dabei, die Ernährung abwechslungsreich und interessant zu gestalten, und vermeidet spontane, ungesunde Entscheidungen.

2. Basische Lebensmittelliste

Erstellen Sie eine Liste von basischen Lebensmitteln, die Sie gerne essen und die regelmäßig in Ihrer Ernährung vorkommen sollten. Dazu könnten Gemüse, Obst, Nüsse, Samen, bestimmte Getreidearten und Hülsenfrüchte gehören. Diese Liste kann Ihnen als Orientierungshilfe beim Einkaufen dienen.

3. Vermeiden Sie verarbeitete Lebensmittel

Verarbeitete Lebensmittel enthalten oft versteckte Säuren und Zusatzstoffe. Versuchen Sie, so oft wie möglich frische, unverarbeitete Lebensmittel zu kaufen und Ihre Mahlzeiten selbst zuzubereiten.

4. Wählen Sie Bio-Produkte

Wenn möglich, wählen Sie Bio-Lebensmittel. Sie sind frei von Pestiziden und anderen Chemikalien, die den Säure-Basen-Haushalt beeinflussen können.

5. Lesen Sie die Etiketten

Lesen Sie die Nährwert- und Zutatenetiketten sorgfältig durch. Vermeiden Sie Lebensmittel, die Zucker, Konservierungsstoffe und andere saure Zusätze enthalten.

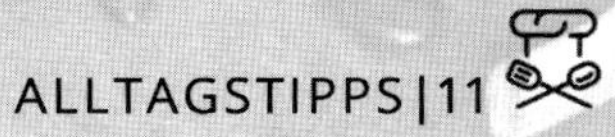

Basenreiche Ernährung als Lebensstil

VERBINDUNG VON BASENREICHER ERNÄHRUNG UND BEWEGUNG

Gesundheit ist nicht nur eine Frage der Ernährung. Bewegung spielt eine ebenso wichtige Rolle für ein vitales und ausgeglichenes Leben. Die Verbindung von basenreicher Ernährung und körperlicher Aktivität kann eine starke Symbiose eingehen, die die allgemeine Gesundheit und das Wohlbefinden steigert.

1. Säureabbau durch Bewegung

Bewegung fördert die Durchblutung und den Stoffwechsel, wodurch Säuren effektiver abgebaut und ausgeschieden werden können. Insbesondere Ausdauersportarten wie Laufen, Radfahren oder Schwimmen haben eine entsäuernde Wirkung und tragen zur Regulierung des Säure-Basen-Haushalts bei.

2. Basenbildung durch Atmung

Durch die Atmung gelangt Sauerstoff in den Körper und Kohlendioxid wird abgegeben. Eine tiefe und bewusste Atmung kann dazu beitragen, den Säure-Basen-Haushalt zu optimieren, da Kohlendioxid eine Säure ist, die durch die Atmung abgegeben wird.

3. Reduzierung von Stress

Bewegung hilft, Stress abzubauen, der sich negativ auf den Säure-Basen-Haushalt auswirken kann. Aktivitäten wie Yoga, Pilates oder Tai-Chi können dabei helfen, den Körper zu entsäuern und gleichzeitig die innere Ruhe und Gelassenheit zu fördern.

4. Stärkung des Immunsystems

Sowohl eine basenreiche Ernährung als auch regelmäßige körperliche Aktivität stärken das Immunsystem. Sie wirken entzündungshemmend und unterstützen den Körper bei der Abwehr von Krankheitserregern.

Die Kombination von basenreicher Ernährung und regelmäßiger Bewegung bietet somit ein wirksames Duo zur Förderung der Gesundheit und Vitalität. Es geht darum, einen gesunden Lebensstil zu pflegen, der das Gleichgewicht von Säuren und Basen im Körper unterstützt.

BASISCHE ERNÄHRUNG UND MENTALES WOHLBEFINDEN

Die Rolle der Ernährung auf unser physisches Wohlbefinden ist weitgehend anerkannt. Allerdings ist sie ebenso entscheidend für unser mentales Wohlbefinden. Eine basenreiche Ernährung kann zur Verbesserung der mentalen Gesundheit beitragen, da sie den Körper und den Geist in Balance bringt.

Die Einnahme von zu vielen säurebildenden Lebensmitteln kann eine Reihe von Symptomen verursachen, die sich negativ auf die geistige Gesundheit auswirken. Dazu gehören unter anderem Erschöpfung, Konzentrationsschwierigkeiten und eine verminderte Stresstoleranz. Basenbildende Lebensmittel, die reich an essentiellen Mineralien und Vitaminen sind, können dabei helfen, diese Symptome zu lindern. Sie tragen zur Verbesserung der kognitiven Funktionen bei und unterstützen die körperlichen Prozesse, die für eine gute geistige Gesundheit notwendig sind.

Zudem ist es wissenschaftlich nachgewiesen, dass bestimmte basenbildende Lebensmittel direkt die Gehirnfunktionen unterstützen. Lebensmittel, die reich an Omega-3-Fettsäuren sind, wie zum Beispiel Chiasamen und Leinsamen, fördern beispielsweise die Gehirnleistung und tragen zur Verbesserung der Stimmung bei.

Ebenso spielen basenbildende Lebensmittel, die B-Vitamine enthalten, eine Schlüsselrolle bei der Regulierung der Gehirnfunktionen und der mentalen Gesundheit. Lebensmittel wie Vollkorngetreide, Hülsenfrüchte und grünes Blattgemüse sind reich an B-Vitaminen und tragen zur Stärkung der geistigen Gesundheit bei.

Darüber hinaus kann eine basenreiche Ernährung dazu beitragen, den Serotoninspiegel zu erhöhen. Serotonin, oft als „Glückshormon" bezeichnet, wirkt sich positiv auf Stimmung, Schlaf und Appetit aus. Bananen, Ananas und Walnüsse sind beispielsweise basenbildende Lebensmittel, die die Serotoninproduktion unterstützen.

Eine basenreiche Ernährung ist also mehr als nur eine Diät zur Gewichtsreduktion oder zur Verbesserung der physischen Gesundheit. Es ist ein ganzheitlicher Ansatz, der auch das mentale Wohlbefinden berücksichtigt und dazu beiträgt, einen gesunden und ausgeglichenen Lebensstil zu führen.

DER WEG IN DIE ZUKUNFT: BASENREICHE ERNÄHRUNG FÜR EIN GESUNDES LEBEN

Ein gesundes und ausgeglichenes Leben zu führen ist eine Reise, kein Ziel. Es erfordert kontinuierliche Bemühungen, bewusste Entscheidungen und Anpassungen im Laufe der Zeit. Der Wechsel zu einer basenreichen Ernährung ist eine solche bewusste Entscheidung, die den Weg zu einem gesünderen Leben ebnet.

Basenreiche Ernährung kann mehr als nur eine kurzfristige Diät sein. Sie kann eine dauerhafte Ernährungsweise sein, die eine Vielzahl von Vorteilen

für die Gesundheit und das Wohlbefinden bietet. Sie hilft, das Gleichgewicht zwischen Säuren und Basen im Körper zu erhalten, die körperliche Gesundheit zu verbessern und das mentale Wohlbefinden zu stärken.

Der Wechsel zu einer basenreichen Ernährung erfordert jedoch eine sorgfältige Planung und Berücksichtigung. Es ist wichtig, ein Verständnis für die verschiedenen säure- und basenbildenden Lebensmittel zu haben und zu wissen, wie sie in den täglichen Ernährungsplan integriert werden können. Darüber hinaus ist es entscheidend, auf die Signale des Körpers zu hören und gegebenenfalls Anpassungen vorzunehmen.

Ein weiterer wichtiger Aspekt einer basenreichen Ernährung ist die Verbindung mit körperlicher Bewegung und mentaler Gesundheit. Eine Kombination aus gesunder Ernährung, regelmäßiger Bewegung und Achtsamkeit kann zu einem optimalen Säure-Basen-Gleichgewicht und somit zu einem gesünderen und glücklicheren Leben führen.

Zum Abschluss lässt sich sagen, dass eine basenreiche Ernährung nicht nur eine Wahl ist, sondern ein Lebensstil. Es ist eine Verpflichtung gegenüber sich selbst, der Gesundheit und dem Wohlbefinden. Es ist der Weg in eine Zukunft, in der gesunde Entscheidungen zum Alltag gehören.

Jetzt, da Sie ein solides Verständnis der basenreichen Ernährung und ihrer Vorteile haben, ist es an der Zeit, diese Theorie in die Praxis umzusetzen. Lassen Sie uns in die köstliche Welt der basischen Rezepte eintauchen und entdecken Sie, wie Sie Ihren Alltag mit gesunden, nahrhaften und vor allem leckeren basischen Mahlzeiten bereichern können. Viel Spaß beim Kochen und Genießen!

Frühstück

LACHS AUF BUNTEM GEMÜSERÖSTI

1 Port.

30 Min.

Mittel

Zutaten

75 g geräucherter Lachs
2 mittelgroße Kartoffeln
100 g Zucchini
1 mittlere Möhre
1 kleine Zwiebel
1 Ei
1 TL Mehl
Salz, Pfeffer

Nährwerte p. P.

400 kcal
9 g Fett
33 g Kohlenhydrate
26 g Eiweiß

1 Kartoffeln, Möhre und Zucchini waschen, schälen und mit einer Küchenreibe klein reiben. Überschüssiges Wasser abpressen. Die Zwiebel schälen und dazu reiben.

2 Vermischen Sie das geriebene Gemüse mit Ei und Mehl. Schmecken Sie die Mischung mit Salz und Pfeffer ab.

3 Geben Sie jeweils ein Drittel der Masse in eine beschichtete Pfanne und drücken Sie sie flach. Backen Sie die Puffer bei mittlerer Hitze pro Seite etwa 4-5 Minuten.

4 Schneiden Sie den Lachs in Streifen und servieren Sie ihn mit den fertigen Kartoffel-Gemüsepuffern.

CHIA-DELUXE: PUDDING MIT HIMBEERKICK UND KOKOS-NOTE

2 Port.

1 Std. 15 Min.

Leicht

Zutaten

300 ml Mandelmilch
3 EL / 30 g Chiasamen
125 g Himbeeren
20 g Kokosflocken
1 EL / 20 g Honig

Nährwerte p. P.

216 kcal
13 g Fett
12 g Kohlenhydrate
5 g Eiweiß

1 Chiasamen gleichmäßig auf zwei Gläser oder Dessertschalen verteilen.

2 Die Mandelmilch und den Honig hinzufügen und gut umrühren. Anschließend die Mischung für ungefähr 1 Stunde in den Kühlschrank stellen.

3 Während dieser Zeit gelegentlich umrühren, damit sich die Chiasamen gut verteilen und nicht zu sehr aneinanderkleben.

4 Die frischen Himbeeren auf dem fertigen Chia-Pudding verteilen und mit Kokosflocken garnieren.

FARBENFROHES SÜSSKARTOFFEL-FRÜHSTÜCK MIT AVOCADO-ERBSEN-TOPPING

2 Port.

15 Min.

Leicht

Zutaten

1 kleine Süßkartoffel (etwa 300 g)
100 g Tiefkühl-Erbsen
½ Avocado
2 EL Zitronensaft
Salz, Pfeffer und Chiliflocken nach Geschmack
Eine Handvoll Feldsalat
100 g Feta

Nährwerte p. P.

425 kcal
20 g Fett
45 g Kohlenhydrate
15 g Eiweiß

1 Zuerst die Süßkartoffel in dünne Scheiben schneiden und diese in einem Toaster oder im Ofen rösten, bis sie knusprig und leicht gebräunt sind.

2 Während die Süßkartoffelscheiben rösten, die Tiefkühl-Erbsen in einem Topf mit kochendem Wasser etwa 3 Minuten garen. Anschließend abgießen und abkühlen lassen.

3 Die Avocado halbieren, entkernen und das Fruchtfleisch mit einem Löffel herausnehmen. Dann das Avocadofruchtfleisch, die gekochten Erbsen und den Zitronensaft in einen Mixer geben und zu einem glatten Püree verarbeiten. Mit Salz, Pfeffer und Chiliflocken abschmecken.

4 Nun den Feldsalat waschen und trocken schleudern. Den Feta in kleine Würfel schneiden.

5 Zum Schluss die gerösteten Süßkartoffelscheiben mit dem Avocado-Erbsen-Püree bestreichen, mit Feldsalat und Fetawürfeln belegen und sofort servieren.

QUINOA-POWER-FRÜHSTÜCK MIT BIRNE UND ERDBEERE

2 Port. 25 Min. Leicht

Zutaten

100 g Quinoa
140 ml Wasser
2 mittelgroße Birnen
6 mittelgroße Erdbeeren
2 EL Honig
1 TL Zimt

Nährwerte p. P.

308 kcal
4 g Fett
63 g Kohlenhydrate
7 g Eiweiß

1 Die Quinoa gründlich abspülen und abtropfen lassen. Anschließend mit dem Wasser in den Dampfgarer geben und für etwa 25 Minuten garen. Danach leicht abkühlen lassen.

2 In der Zwischenzeit das Obst waschen, das Grün von den Erdbeeren entfernen und die Birnen in Spalten schneiden (je nach Belieben kann das Obst kurz im Dampfgarer mitgegart werden).

3 Das Obst über der Quinoa anrichten, mit Honig süßen und mit Zimt würzen.

Tipp: Das Quinoa-Frühstück kann je nach Saison und Geschmack mit verschiedenen Früchten variiert werden. Vanille kann auch eine schmackhafte Abwechslung bieten.

CREMIGE HAFERFLOCKEN AUS DEM GLAS MIT APFEL

2 Port.

1 T ag

Leicht

Zutaten

60 g Getreideflocken
200 ml ungesüßter Mandeldrink / Sojadrink
4 getrocknete Softaprikosen
250 g Sojajoghurt
1 Apfel
100 g Brombeeren
100 g Himbeeren
1 EL geröstete Haselnüsse

Nährwerte p. P.

300 kcal
6 g Fett
58 g Kohlenhydrate
11 g Eiweiß

1 Am Abend zuvor die Getreideflocken, den Pflanzendrink, die Aprikosen und den Zimt mischen. Dann über Nacht in den Kühlschrank stellen und quellen lassen.

2 Am Morgen den Joghurt und die Äpfel untermischen und mit Beeren und Nüssen anrichten.

BUNTE SÜSSKARTOFFEL-FRÜHSTÜCKSBOWL

2 Port.

30 Min.

Mittel

Zutaten

300 g Süßkartoffel
50 ml pflanzliche Milch oder Wasser (eventuell mehr, je nach Wunsch)
1 EL Süßungsmittel deiner Wahl
½ TL Zimt
1 EL Mandelmus
½ Banane
½ Pfirsich
1 EL Heidelbeeren

Nährwerte p. P.

264 kcal
5 g Fett
52 g Kohlenhydrate
5 g Eiweiß

1 Den Ofen auf 200 °C Ober-/Unterhitze vorheizen. Die Süßkartoffeln halbieren und auf ein Backblech legen. Im Ofen etwa 30 Minuten backen, bis sie weich sind, dabei nach etwa der Hälfte der Backzeit wenden.

2 Die gebackenen Süßkartoffeln aus dem Ofen nehmen und etwas abkühlen lassen. Die Süßkartoffelhälften dann aus ihrer Schale lösen und in eine Schüssel geben.

3 Die Süßkartoffeln mit einer Gabel zerdrücken und nach und nach die pflanzliche Milch oder Wasser hinzufügen, bis die gewünschte Konsistenz erreicht ist. Das Süßungsmittel und Zimt hinzufügen und alles gut vermischen.

4 Nun die Süßkartoffel-Mischung in Schalen geben und mit Mandelmus, Banane, Pfirsich und Heidelbeeren garnieren.

GEMÜSE-OMELETT DELUXE

4 Port. 40 Min. Leicht

Zutaten

3 Zwiebeln
1 Zehe Knoblauch
Je 1 große rote und gelbe Paprika
300 g Champignons
7 Eier
100 ml Milch
Gemahlenes Paprikapulver
1 TL getrockneter Thymian
Etwas gemahlene Muskatnuss und Pfeffer
Etwas Salz
4 TL Olivenöl
4 EL gehackte Petersilie

Nährwerte p. P.

302 kcal
21 g Fett
9 g Kohlenhydrate
14 g Eiweiß

1 Als Erstes den Knoblauch und die Zwiebel schälen und klein schneiden. Danach die Zucchini waschen und halbieren. Dann in Scheiben schneiden.

2 Die Paprika halbieren und in kleine Würfel schneiden. Die Champignons säubern und in feine Scheiben schneiden.

3 Verquirlen Sie die Eier in einer Schüssel und geben Sie die Gewürze dazu. Danach etwas Öl in einer Pfanne erhitzen und die Zwiebeln und den Knoblauch hinzugeben. Nach 3 Minuten das Gemüse mit anbraten.

4 Nun den Ofen auf 100 Grad Ober-/Unterhitze vorheizen und ¾ vom Gemüse aus der Pfanne an die Seite stellen.

5 Die Eiermasse in die Pfanne gießen. Das Omelett in der Pfanne ausbacken und im Anschluss im Ofen warm halten.

6 Danach erneut ¼ vom Gemüse in die Pfanne geben und erneut ein Omelett ausbacken. Am Ende sollten vier Omeletts entstehen.

7 Am besten mit frischer Petersilie garnieren.

Salate

GESUNDER KRAUTSALAT

 10 Port.

 1 Tag

 Leicht

Zutaten

1–2 Zwiebeln
2 EL Meersalz
1 TL gemahlener Pfeffer
500 ml Essig
4–5 EL Honig
1 l Mineralwasser
1 TL gem. Kümmel
1 rote Paprika
Nach Belieben etwas Chili
1 kg Weißkraut

Nährwerte p. P.

107 kcal
5 g Fett
13 g Kohlenhydrate
1 g Eiweiß

1 Zuerst vom Kohl die äußeren Blätter und den Strunk abschneiden. Danach die Zwiebeln schälen und klein schneiden. Nun den Kohl fein hobeln.

2 Anschließend den Essig, den Honig, das Salz, den Pfeffer und die Gewürze vermischen. Danach sollte sich der Honig komplett aufgelöst haben. Nun die Mischung, den Kohl und das Mineralwasser in einer Schüssel mischen.

3 Den Krautsalat nun 24 Stunden ziehen lassen. Am nächsten Tag gießen Sie das Wasser ab. Danach 100 ml Olivenöl dazugeben und nach Wunsch mit Oliven garnieren.

REGENBOGEN-QUINOA-MIX

2 Port.

20 Min.

Leicht

Zutaten

100 g Quinoa
6 Radieschen
6 Kirschtomaten
1 Bund Rucola
2 Karotten
½ Brokkoli
2 EL Kürbiskerne
Olivenöl
1 Zitrone
Salz und Pfeffer

Nährwerte p. P.

365 kcal
14 g Fett
50 g Kohlenhydrate
12 g Eiweiß

1 Bringen Sie 150 ml Wasser in einem Topf zum Kochen. Fügen Sie die Quinoa hinzu und lassen Sie sie 15 Minuten lang köcheln. Bei Quinoa ist ein Verhältnis von 3 Teilen Wasser zu 1 Teil Quinoa empfehlenswert.

2 Schneiden Sie den halben Brokkoli in 3-4 grobe Stücke und blanchieren Sie ihn 3-4 Minuten lang in kochendem Wasser. Kühlen Sie ihn anschließend sofort in kaltem Wasser ab, um seine Vitamine und leuchtende Farbe zu bewahren.

3 Während der Brokkoli kocht, schneiden Sie die Radieschen, Tomaten, Karotten und den Rucola in kleine Stücke.

4 Lassen Sie die Quinoa abkühlen und vermischen Sie ihn dann mit dem geschnittenen Gemüse und einem guten Schuss Olivenöl.

5 Schmecken Sie den Salat mit Salz, Pfeffer und Zitronensaft ab und garnieren Sie ihn mit den Kürbiskernen.

BUNTER KOHLRABI-FELDSALAT

2 Port. 20 Min. Leicht

Zutaten

2 Kohlrabi
2 Stangen Frühlingslauch
100 g Feldsalat
1 EL Linsensprossen, gekeimt
1 Zitrone
Einige Blätter Radicchio zur Farbgebung
1 EL Mandelöl
Je 1 Prise Bio-Kräutersalz und 1 Prise weißer Pfeffer
4 Scheiben Zucchini zur Dekoration
2 EL Macadamiaöl

Nährwerte p. P.

210 kcal
14 g Fett
17 g Kohlenhydrate
6 g Eiweiß

1 Schälen Sie zunächst den Kohlrabi und schneiden Sie diesen in Stücke oder in etwas breitere Streifen.

2 Stellen Sie einen Topf mit Wasser, etwas Kräutersalz und etwas Pfeffer auf und kochen Sie die Kohlrabistücke darin je nach Ihrem Geschmack bissfest oder etwas weicher.

3 Während der Kohlrabi kocht, waschen Sie den Frühlingslauch, den Feldsalat und ein bis zwei Blätter Radicchio. Entfernen Sie jegliche nicht verwendbare Teile, legen Sie den Feldsalat beiseite und schneiden Sie den Lauch und den Radicchio in feine Streifen.

4 Übergießen Sie als Nächstes die Linsensprossen mit kochendem Wasser und lassen Sie dieses nach wenigen Minuten abtropfen.

5 Wenn die Kohlrabistücke bissfest oder weich sind, geben Sie diese in eine Schüssel. Fügen Sie den Frühlingslauch und den Radicchio hinzu. Vermischen Sie alles miteinander und schmecken Sie es mit Zitrone, etwas Macadamiaöl, Kräutersalz und weißem Pfeffer aus der Mühle ab.

6 Heben Sie zuletzt den Feldsalat und die Linsensprossen vorsichtig unter den Kohlrabisalat.

7 Richten Sie den Kohlrabisalat auf den Tellern an.

KARTOFFELTRAUM MIT WILDKRÄUTERN

2 Port.

30 Min.

Leicht

Zutaten

200 g Kartoffeln
25 g Löwenzahn
5 g Essig
5 g Kürbiskernöl
5 g Bärlauch

Nährwerte p. P.

170 kcal
5 g Fett
28 g Kohlenhydrate
4 g Eiweiß

1 Starten Sie mit dem Kochen der Kartoffeln: Geben Sie 200 g Kartoffeln in einen mittelgroßen Topf, füllen Sie diesen mit ausreichend Wasser, so dass alle Kartoffeln bedeckt sind. Lassen Sie die Kartoffeln auf mittlerer Hitze kochen, bis sie weich sind.

2 In der Zwischenzeit bereiten Sie die Kräuter vor. Waschen Sie 25 g frischen Löwenzahn und 5 g Bärlauch gründlich unter fließendem Wasser und tupfen Sie sie mit Küchenpapier trocken. Schneiden Sie die Kräuter dann in feine Streifen.

3 Wenn die Kartoffeln fertig gekocht sind, schütten Sie das Wasser ab und lassen die Kartoffeln etwas abkühlen. Anschließend können Sie die Kartoffeln schälen und in Scheiben oder kleine Würfel schneiden, je nach Vorliebe.

4 Geben Sie die geschnittenen Kartoffeln in eine Schüssel und fügen Sie die fein geschnittenen Kräuter hinzu.

5 Für das Dressing mischen Sie 5 g Essig mit 5 g Kürbiskernöl und etwas Wasser in einer kleinen Schüssel. Geben Sie das Dressing über die Kartoffeln und Kräuter und vermischen Sie alles gut miteinander.

6 Abschließend schmecken Sie den Salat mit Salz und Pfeffer ab.

Tipp: Für eine zusätzliche Note können Sie auch ein gekochtes Ei klein schneiden und dem Salat hinzufügen.

HIRSETRAUM MIT BROKKOLI

2 Port. 20 Min. Leicht

Zutaten

120 g Hirse
280 ml Wasser
1 TL Salz
1 TL Pfeffer
2 TL Kokosöl
2 Zucchini
100 g Tomaten (1 große Strauchtomate oder 3–4 Cocktailtomaten)
100 g Brokkoli
4 Möhren
4 Pastinaken
250 g Spinat
Frischer Koriander nach Geschmack

Nährwerte p. P.

450 kcal
8 g Fett
87 g Kohlenhydrate
14 g Protein

1 Gießen Sie das Wasser in einen Topf und bringen Sie es zum Kochen. Fügen Sie die Hirse hinzu und lassen Sie sie bei niedriger Hitze 15-20 Minuten lang köcheln, bis sie aufgequollen ist. Würzen Sie die gekochte Hirse mit Salz und Pfeffer und lassen Sie sie abkühlen. Danach zur Seite stellen.

2 In der Zwischenzeit schneiden Sie das gesamte Gemüse in kleine Stücke. Erhitzen Sie das Kokosöl in einer Pfanne und braten Sie das Gemüse darin für 5-8 Minuten an.

3 Geben Sie nun die gekochte Hirse und den Spinat in die Pfanne und lassen Sie alles zusammen für ein paar Minuten anbraten.

4 Servieren Sie den Salat warm oder lassen Sie ihn abkühlen und genießen Sie ihn als erfrischenden Hirse-Salat.

ROTKOHL-FEIGEN-SALAT MIT PEKANNUSS-TOPPING

 2 Port.  30 Min.  Leicht

Zutaten

Für den Rotkohl-Salat:
25 g Feigen, getrocknet, in feine Streifen geschnitten
1 EL Pekannüsse, gehackt
200 g Rotkohl, Strunk entfernt und in ganz feine Streifen geschnitten
1 EL gehackte Petersilie

Für das Dressing:
1,5 EL Olivenöl, kaltgepresst
1 EL Agavendicksaft
1 EL Mandelmus, weiß
1 TL Streich-Meerrettich
1 TL Kräuter-Senf
Ursalz und Pfeffer nach Belieben
3 EL Wasser
2 EL Zitronensaft

Nährwerte p. P.
215 kcal
14 g Fett
20 g Kohlenhydrate
4 g Eiweiß

1 Beginnen Sie mit der Vorbereitung des Rotkohl-Salats. Schneiden Sie die getrockneten Feigen in feine Streifen und hacken Sie die Pekannüsse.

2 Entfernen Sie den Strunk vom Rotkohl und schneiden Sie ihn in sehr feine Streifen. Mischen Sie die Streifen mit den gehackten Petersilienblättern.

3 Bereiten Sie nun das Dressing vor. In einer separaten Schüssel mischen Sie das kaltgepresste Olivenöl, den Agavendicksaft, das weiße Mandelmus, den Streich-Meerrettich und den Kräutersenf. Schmecken Sie mit Ursalz und Pfeffer ab. Fügen Sie dann Wasser und Zitronensaft hinzu und rühren Sie, bis alles gut vermischt ist.

4 Geben Sie das Dressing zum Rotkohl-Salat und mischen Sie es gut durch, bis der Salat gleichmäßig beschichtet ist.

5 Zum Schluss fügen Sie die Feigenstreifen und die gehackten Pekannüsse hinzu und mischen den Salat erneut.

SOMMERLICHER BUCHWEIZEN-MIX: SALAT MIT AVOCADO UND KRÄUTERN

2 Port.

25 Min.

Mittel

Zutaten

100 g Buchweizen
½ Maiskolben
1 Karotte
½ rote Zwiebel
½ Zehe Knoblauch
1 ½ EL Olivenöl
¾ TL Kreuzkümmel
½ TL Salz
½ Bund Petersilie
Eine kleine Handvoll Koriander
¼ Bund Basilikum
30 g Cocktailtomaten
½ Avocado
60 g schwarze Bohnen, gekocht
Saft von ½ Zitrone

Nährwerte p. P.

450 kcal
20 g Fett
60 g Kohlenhydrate
15 g Eiweiß

1 Starten Sie, indem Sie den Buchweizen in Salzwasser aufsetzen. Lassen Sie ihn aufkochen und reduzieren Sie dann die Hitze. Lassen Sie ihn etwa 10 Minuten garen, bis er weich ist. Gießen Sie das Wasser ab und lassen Sie den Buchweizen etwas abkühlen.

2 In der Zwischenzeit bereiten Sie den Mais zu. Kochen Sie den ganzen Maiskolben in einem Topf mit reichlich Wasser für etwa 5 Minuten. Schneiden Sie danach die Körner vom Kolben ab.

3 Schälen Sie die Karotten und Zwiebeln und schneiden Sie sie in kleine, etwa 5 mm große Würfel. Den Knoblauch fein hacken.

4 Erhitzen Sie etwas Olivenöl in einer Pfanne und geben Sie die Karotten-, Zwiebelwürfel und den Mais hinein. Lassen Sie das Gemüse bei mittlerer Hitze etwa 5 Minuten schmoren. Fügen Sie nach 3 Minuten den gehackten Knoblauch hinzu und würzen Sie das Gemüse mit Salz und Kreuzkümmel.

5 Waschen Sie die Kräuter, schütteln Sie sie trocken und hacken Sie sie fein. Die Avocado schälen, entkernen und in Würfel schneiden. Die Cocktailtomaten halbieren.

6 Nun alle Zutaten in einer großen Schüssel zusammenführen. Fügen Sie den Buchweizen, das geschmorte Gemüse, die gehackten Kräuter, die gewürfelte Avocado, die halbierten Cocktailtomaten und die gekochten schwarzen Bohnen hinzu. Pressen Sie den Saft einer Zitrone darüber und vermischen Sie alles gut miteinander. Schmecken Sie den Salat nach Bedarf mit zusätzlichem Salz ab. Genießen Sie den Salat frisch oder gekühlt aus dem Kühlschrank.

LEICHTER SALAT MIT BROKKOLI-KICK

2 Port. 25 Min. Leicht

Zutaten

100 g Brokkoli
½ Möhre
½ Apfel
½ Tomate
½ Salat (Kopfsalat, Eisbergsalat oder Romanaherz-Salat)
½ Zwiebel
25 g Walnüsse
3 EL Apfelessig
3 EL Olivenöl
1 Prise Kräutersalz

Nährwerte p. P.

270 kcal
24 g Fett
11 g Kohlenhydrate
4 g Eiweiß

1 Waschen Sie zuerst alle Gemüsesorten und den Salat gründlich. Raspeln Sie die halbe Karotte. Schneiden Sie den Brokkoli, die Tomate, die Zwiebel und den halben Apfel in feine Stücke. Hacken Sie die Walnüsse.

2 Zerreißen Sie den Salat in mundgerechte Stücke. Vermengen Sie alle Zutaten in einer Schüssel. Geben Sie Apfelessig und Olivenöl hinzu und würzen Sie den Salat nach Belieben mit Kräutersalz.

KRÄUTERGARTENSALAT MIT KARTOFFELN UND RUCOLA

2 Port.

30 Min.

Mittel

Zutaten

600 g festkochende Kartoffeln
3 Handvoll Rucola
2–3 Frühlingszwiebeln
1 ½ große rote Paprika
1 große Tomate
1 Knoblauchzehe
3–4 Stängel frischer Schnittlauch
6 große Blätter frischer Oregano
4 große Blätter frische Zitronenmelisse
2 gehäufte Esslöffel gemahlene Mandeln
Salz, Pfeffer, getrockneter und gerebelter, grob gemahlener Rosmarin, Liebstöckel-pulver, ½ TL mildes oder edelsüßes Paprikagewürz

Für das Dressing:
8 Esslöffel Pflanzenöl
130 ml Gemüsebrühe
Salz, Pfeffer; 1,5 Teelöffel Liebstöckelpulver
1 TL Zitronensaft

Nährwerte p. P.

550 kcal
32 g Fett
56 g Kohlenhydrate
11 g Eiweiß

1 Setzen Sie die Kartoffeln mit kaltem Wasser in einem großen Topf auf und lassen Sie diese kochen, bis sie gar sind.

2 Während die Kartoffeln kochen, bereiten Sie das Gemüse und die Kräuter vor. Schneiden Sie die Frühlingszwiebeln in dünne Ringe, die Paprika in feine Streifen und hacken Sie die Kräuter fein. Zerdrücken Sie die Knoblauchzehe und mischen Sie all diese Zutaten mit den gemahlenen Mandeln in einer Schüssel.

3 Sobald die Kartoffeln fertig sind, lassen Sie diese kurz abkühlen, schälen sie und schneiden sie in Scheiben. Lassen Sie die Kartoffeln vollständig abkühlen.

4 Vermengen Sie die Kartoffeln vorsichtig mit den anderen Zutaten in der Schüssel. Würzen Sie die Mischung nach Geschmack mit Salz, Pfeffer, Rosmarin, Liebstöckelpulver und Paprikagewürz.

5 Für das Dressing verrühren Sie das Öl, die Gemüsebrühe, das Liebstöckelpulver und den Zitronensaft. Schmecken Sie es mit Salz und Pfeffer ab. Geben Sie die Hälfte des Dressings in den Salat und lassen Sie diesen für etwa eine Stunde ziehen. Vermischen Sie dann alles erneut und schmecken Sie es gegebenenfalls noch einmal ab.

6 Waschen und trocknen Sie den Rucola und legen Sie ihn auf die Teller. Träufeln Sie das restliche Dressing darüber. Geben Sie den Kartoffelsalat darauf und garnieren Sie ihn mit dünnen Tomatenscheiben. Bestreuen Sie das Ganze nach Wunsch mit etwas zusätzlichem Schnittlauch.

Brote

GLUTENFREIES BROT

1 Port. | 1 Std. 40 Min. | Leicht

Zutaten

75 g Chiasamen
75 g Hirseflocken
135 g Sonnenblumenkerne
80 g Kürbiskerne
90 g Leinsamen (geschrotet)
70 g Sesam
3 EL Flohsamenschalenmehl
1 TL Salz
500 ml Wasser
Fett für die Form

Nährwerte p. P.

53 kcal
1 g Fett
9 g Kohlenhydrate
1 g Eiweiß

1 Zuerst alle Zutaten in einer Schale miteinander vermischen. Danach das Wasser hinzugeben und für etwa vier Stunden ziehen lassen. Rühren Sie nach Hinzugeben des Wassers alles gründlich um, damit keine Klumpen entstehen.

2 Fetten Sie eine passende Kastenform ein und drücken Sie den Brotteig fest hinein. Alles gleichmäßig verteilen.

3 Das Brot nun für 80 Minuten bei 200 Grad Celsius Ober-/Unterhitze in den Ofen geben. Das Brot anschließend aus der Form nehmen und nochmals für 20 Minuten umgedreht in den Ofen geben. Danach ist das Brot fertig, am besten auf einem Gitter erkalten lassen.

LECKERES BROT MIT BUCHWEIZEN UND CHIA

15 Port.

17 Std.

Leicht

Zutaten

500 g Buchweizenmehl
2 EL Chiasamen
120 g Buchweizen
100 g Kürbiskerne
3 TL Honig
1.290 ml Wasser
50 g Amaranth
3 TL Meersalz
Etwas Olivenöl

Nährwerte p. P.

93 kcal
3 g Fett
13 g Kohlenhydrate
4 g Eiweiß

1 Am Morgen den Buchweizen und die Kürbiskerne in einem Glas mit 440 ml Wasser einweichen. Die Kerne anschließend über Nacht trocknen lassen. Die Kerne dafür am besten auf einem Blech gut verteilen und auf die Heizung stellen.

2 Auch die Chiasamen mit Wasser in einem Glas über Nacht einweichen. Dafür 400 ml Wasser verwenden.

3 Die Buchweizenkörner und die Kürbiskerne in einen Mixer geben und pürieren. Dann zur Seite stellen.

4 Die Chiasamen zusammen mit dem Wasser in den Mixer geben. Dann den Buchweizen, die Chiasamen, die Kürbiskerne, den Honig, das Meersalz, das Wasser und den Amaranth in einer Schüssel gründlich mit dem Buchweizenmehl vermengen.

5 Den Teig auf ein Backblech geben, welches gut gefettet ist. Dann bei etwa 40 Grad Celsius für acht Stunden in den Ofen geben. Danach einmal wenden und erneut für acht Stunden in den Ofen geben.

LECKERES BUCHWEIZENBROT

1 Port. 2 Std. Leicht

Zutaten

500 g Buchweizenmehl
2 EL Chiasamen
120 g Buchweizen
100 g Kürbiskerne
3 TL Honig
1.290 ml Wasser
50 g Amaranth
3 TL Meersalz
Etwas Olivenöl

Nährwerte p. P.

93 kcal
3 g Fett
12 g Kohlenhydrate
3 g Eiweiß

1 Beginnen Sie am besten einen Tag zuvor mit der Zubereitung vom Buchweizenbrot.

2 Dazu wird zuerst der Buchweizen gemeinsam mit den Kürbiskernen in etwa 440 ml Wasser eingeweicht. Am Abend werden die Kerne dann wieder getrocknet. Legen Sie sie dazu am besten auf ein Backblech, welches mit Backpapier ausgelegt ist. Stellen Sie das Backblech dann über Nacht auf die Heizung.

3 Weichen Sie auch die Chiasamen über Nacht in einem Glas mit 400 ml Wasser ein. Die Samen sollten komplett mit Wasser bedeckt sein.

4 Die Buchweizenkerne und die Kürbiskerne in einen Mixer geben und pürieren. Das Püree dann zur Seite stellen.

5 Im Anschluss kommen die eingeweichten Chiasamen zusammen mit dem Wasser in den Mixer.

6 Die Chiasamen, den Buchweizen, die Kürbiskerne, den Honig, das Meersalz, das Wasser und den Amaranth in ein Gefäß füllen und alles gründlich mit 500 g Buchweizenmehl vermischen.

7 Fetten Sie ein großes Backblech mit Öl oder Butter ein und verteilen Sie den fertigen Teig darauf.

8 Das Blech kommt jetzt bei ca. 40 Grad Celsius für 8 Stunden in den Ofen, bis es trocken ist. Danach wird das Brot einmal gedreht. Dann nochmals für 8 Stunden backen, bis es richtig fest ist.

9 Nach Wunsch können Sie den fertigen Teig auch mit Körnern bestreuen und garnieren.

SAFTIGES DINKELBROT

12 Port. 1 Std. Leicht

Zutaten

450 ml lauwarmes Wasser
1 Packung Trockenhefe
500 g Dinkelvollkornmehl
10 g Meersalz
100 g Sonnenblumenkerne (1 EL extra)
50 g Kürbiskerne (1 EL extra)
1 EL Olivenöl (etwas Öl für die Pfanne extra)

Nährwerte p. P.

118 kcal
1 g Fett
22 g Kohlenhydrate
3 g Eiweiß

1 Als Erstes den Ofen auf 200 Grad Celsius Ober-/Unterhitze vorheizen. Danach das lauwarme Wasser und die Hefe in einer Schüssel verrühren.

2 Das Mehl, das Salz, die Körner und das Öl hinzugeben. Alles für etwa 6 Minuten gut mit den Händen verkneten.

3 Legen Sie eine Kastenform mit Backpapier aus. Das Backpapier dann mit wenig Olivenöl bestreichen. Den Teig in die Form geben und mit Körnern garnieren. Nun für etwa 50 Minuten backen, bis das Brot leicht braun ist.

FRISCHES QUINOABROT

1 Port.

1 Std. 25 Min.

Leicht

Zutaten

600 g geschälte Quinoa-Samen
60 g Sonnenblumenkerne
60 g Chiasamen
250 ml Wasser
100 ml Olivenöl
Saft einer Zitrone
1 große Prise Salz
1 EL Natron

Nährwerte p. P.

116 kcal
1 g Fett
20 g Kohlenhydrate
3 g Eiweiß

1 Die Chiasamen und die Quinoa über Nacht in Wasser quellen lassen. Den Backofen auf 165 Grad Celsius Ober-/Unterhitze vorheizen und eine Kastenform mit Backpapier auslegen.

2 Lassen Sie die Samen abtropfen und vermengen Sie die Quinoa mit den Chiasamen in einer Schüssel.

3 Anschließend das Wasser, das Öl, das Salz, das Natron und den Zitronensaft dazugeben und alles mit einem Rührgerät zu einem lockeren Teig verrühren.

4 Füllen Sie den Teig im Anschluss in die Kastenform und backen Sie das Brot für etwa 90 Minuten, bis es leicht braun wird. Genießen Sie das Brot am besten noch leicht warm, dann schmeckt es am besten!

KÖSTLICHES KÖRNERBROT OHNE MEHL

1 Port. | 1 Std. 25 Min. | Leicht

Zutaten

180 g Haferflocken
100 g Nüsse
150 g Sonnenblumenkerne/Kürbiskerne
100 g Leinsamen
1 EL Weinstein-Backpulver
4 EL Flohsamenschalen oder gemahlene Chiasamen
1 TL Ursalz
1 EL Ahornsirup
3 EL Rapsöl oder Kokosöl nach Belieben
350 ml Wasser

Nährwerte p. P.

161 kcal
12 g Fett
2 g Kohlenhydrate
9 g Eiweiß

1 Die Nüsse in einer Pfanne ohne Fett rösten und sie klein hacken oder in einen Mixer geben.

2 Vermischen Sie anschließend alle trockenen Zutaten in einer Schüssel.

3 Geben Sie im Anschluss die feuchten Zutaten hinzu und vermischen Sie alles gut miteinander.

4 Eine Kastenform mit Backpapier auslegen und den Teig darin verteilen. Drücken Sie ihn dann richtig fest hinein.

5 Lassen Sie den Teig jetzt für mindestens 3 Stunden abgedeckt bei Zimmertemperatur ziehen. Noch besser wäre es über Nacht im Kühlschrank.

6 Anschließend den Ofen auf 180 Grad Celsius Ober-/Unterhitze vorheizen und das Brot für 30 Minuten in der Form backen. Nehmen Sie das Brot nach den 30 Minuten aus der Form und backen Sie das Brot nochmals 20 Minuten ohne Form.

7 Wenn das Brot eine goldene Kruste bildet, ist es fertig.

FLUFFIGE SÜSSKARTOFFELBRÖTCHEN

6 Port. | 1 Std. 25 Min. | Leicht

Zutaten

100 g Süßkartoffeln
100 g Kartoffeln, mehligkochend
100 g Kastanienmehl
50 g Leinmehl
50 g Erdmandelmehl
½ TL Natron
100 ml Mandeldrink
½ TL Flohsamenschalen
1 TL Johannisbrotkernmehl
1 TL Meersalz
Schwarzkümmelsamen

Nährwerte p. P.

213 kcal
2 g Fett
41 g Kohlenhydrate
7 g Eiweiß

1 Zuerst den Ofen auf 220 Grad Celsius Ober-/Unterhitze vorheizen. Im Anschluss werden die Mehle, das Natron, das Salz, die Flohsamenschalen und das Johannisbrotkernmehl in einer großen Schüssel miteinander vermengt.

2 Rühren Sie danach die Milch dazu.

3 Die Süßkartoffeln und die Kartoffeln werden fein gerieben und ebenso dazugegeben. Verrühren Sie das Ganze vorsichtig, damit der Teig schön locker bleibt.

4 Legen Sie nun ein Backblech mit Backpapier aus und feuchten Sie Ihre Hände an. Nun formen Sie aus dem Teig kleine Brötchen oder Fladen. Anschließend werden sie noch in Kümmelsamen gewälzt.

5 Die Brötchen mit genügend Abstand auf dem Backblech platzieren und für ca. 20 Minuten auf der mittleren Schiene in den Ofen geben.

SAFTIGE KAROTTENBRÖTCHEN MIT FEINER HIRSE

40 Port.

50 Min.

Leicht

Zutaten

200 g Hirse
150 g Buchweizen
200 g Karotten
125 g Haferflocken
550 g Wasser
2 TL Salz
50 g Sonnenblumenkerne
Je 25 g Leinsamen und Sesam
20 g Flohsamenschalen
1 Packung Weinstein-Backpulver
3 EL natives Olivenöl

Nährwerte p. P.

251 kcal
7 g Fett
38 g Kohlenhydrate
6 g Eiweiß

1 Zuerst die Karotten schälen und grob kleinschneiden. Geben Sie sie anschließend in einen Mixer. Ohne Mixer reicht es auch, die Karotten zu reiben.

2 Nun die Hirse und den Buchweizen in einen Mixer geben und zu Mehl verarbeiten. Nach Wunsch können Sie natürlich auch fertiges Mehl verwenden.

3 Alle trockenen Zutaten in einer Schüssel miteinander mischen. Vermischen Sie dann alles mit den Karotten, dem Öl und nach und nach ein wenig Wasser. Dann alles mit einem Rührgerät zu einem Teig verarbeiten. Geben Sie nicht das ganze Wasser hinzu, da der Teig sonst zu flüssig werden könnte!

4 Ein Backblech mit Backpapier auslegen und etwa 20 Brötchen aus dem fertigen Teig formen. Schneiden Sie die Brötchen je ein paar Male mit einem scharfen Messer ein. In der Zwischenzeit können Sie den Ofen auf 200 Grad Celsius Ober-/Unterhitze vorheizen.

5 Nun kommen die Brötchen für etwa 25 Minuten in den Ofen. Nach den 25 Minuten können Sie mit dem Messer die Einschnitte noch einmal einschneiden. Dann kommen die Brötchen wieder für 15 Minuten in den Ofen.

6 Nehmen Sie die Brötchen aus dem Ofen und lassen Sie sie vollständig erkalten.

Aufstriche/Cremes/Soßen

RUBY VELVET: ROTE-BETE-MANDEL-AUFSTRICH

400 g 30 Min. Mittel

Zutaten

330 g frische Rote Bete
1 Zwiebel
100 g gemahlene Mandeln
2 EL Zitronensaft
1 TL Natursalz
1 TL schwarzer Pfeffer
Einige Stängel frische Petersilie

Nährwerte p. P.

375 kcal
28 g Fett
18 g Kohlenhydrate
14 g Eiweiß

1 Spülen Sie die Rote Bete ab und lassen Sie sie in einem mit Wasser gefüllten Topf 45 Minuten lang köcheln. Sobald sie abgekühlt ist, entfernen Sie die Haut und schneiden sie in Würfel.

2 Zerkleinern Sie die Zwiebel. Fügen Sie alle Zutaten, einschließlich der Gewürze, in eine Schüssel und verwenden Sie einen Stabmixer, um sie zu einem glatten Aufstrich zu verarbeiten.

3 Rühren Sie zum Abschluss die frisch gehackte Petersilie unter.

„ROTKUSS" – PAPRIKA-TOMATEN-AUFSTRICH

150 g

30 Min.

Mittel

Zutaten

50 g Sonnenblumenkerne
½ Paprika
½ Schalotte
1 EL Olivenöl
1 EL Omega-3-Öl
1 EL Zitronensaft
1-1,5 EL Tomatenmark
1 EL kleingehackte Kräuter oder TK-Kräuter
½ TL Paprikapulver
Salz/Pfeffer nach Geschmack

Nährwerte p. P.

147 kcal
13 g Fett
5 g Kohlenhydrate
3 g Eiweiß

1 Geben Sie die Sonnenblumenkerne in einen Mixer oder Food-Prozessor und zerkleinern Sie sie, bis sie fein gemahlen sind.

2 Waschen Sie die Paprika, entfernen Sie den Stiel und die Samen und schneiden Sie sie in grobe Stücke. Schälen Sie die Schalotte und schneiden Sie sie ebenso in grobe Stücke.

3 Geben Sie Paprika, Schalotte, Tomatenmark, Olivenöl und Omega-3-Öl zu den gemahlenen Sonnenblumenkernen in den Mixer und pürieren Sie alles bis zur gewünschten Konsistenz.

4 Fügen Sie dann den Zitronensaft, die kleingehackten Kräuter und Paprikapulver hinzu. Würzen Sie mit Salz und Pfeffer und pürieren Sie alles noch einmal kurz, bis die Gewürze gut eingearbeitet sind.

MEDITERRANE GEMÜSECREME MIT ZIEGENFRISCHKÄSE

400 g

1 Std.

Mittel

Zutaten

50 g getrocknete Tomaten (ohne Öl)
2 kleine rote Zwiebeln
1 mittlere Fenchelknolle
2 mittelgroße rote Paprikaschoten
1 kleine Aubergine
50 g entsteinte schwarze Oliven
6 EL Olivenöl
2 Handvoll frisches Basilikum
50 g Pinienkerne
Salz und frisch gemahlener Pfeffer nach Geschmack
3 TL getrocknete Provencekräuter
50 g Honig
200 g Ziegenfrischkäse
80 g griechischer Joghurt

Nährwerte p. P.

230 kcal
19 g Fett
10 g Kohlenhydrate
6 g Eiweiß

1 Gießen Sie kochendes Wasser über die getrockneten Tomaten und lassen Sie diese für 15 Minuten ziehen. Währenddessen können Sie die roten Zwiebeln schälen und in kleine Würfel schneiden.

2 Reinigen Sie die Fenchelknolle, die roten Paprika und die Aubergine und schneiden Sie sie in etwa gleich große Würfel von ca. 1 cm. Nachdem die Tomaten ausreichend eingeweicht wurden, tupfen Sie diese trocken und hacken sie fein. Die schwarzen Oliven können gleichzeitig grob gehackt werden.

3 Erhitzen Sie das Olivenöl in einer großen Pfanne oder einem Topf. Geben Sie das gesamte vorbereitete Gemüse hinzu und lassen Sie es bei mittlerer Hitze für 15 bis 20 Minuten schmoren, bis es weich ist.

4 Während das Gemüse köchelt, waschen Sie das Basilikum, schütteln es trocken, zupfen die Blätter ab und schneiden sie in feine Streifen. In den letzten fünf Minuten der Garzeit fügen Sie das Basilikum, die gehackten Oliven und die Pinienkerne zum Gemüse und lassen sie mitdünsten.

5 Nehmen Sie die Pfanne vom Herd und lassen Sie das Gemüse abkühlen. Würzen Sie es mit Salz, Pfeffer, den Provencekräutern und dem Honig und lassen Sie es vollständig abkühlen.

6 Nachdem das Gemüse abgekühlt ist, geben Sie den Ziegenfrischkäse und den griechischen Joghurt hinzu und vermischen alles gut. Füllen Sie die Creme in Schraubgläser, verschließen Sie sie gut und lagern Sie sie im Kühlschrank. Die Gemüsecreme hält sich dort für etwa eine Woche.

HERBSTZAUBER: LINSEN-KÜRBIS-SMEAR

400 g

30 Min.

Leicht

Zutaten

250 g Hokkaidokürbis
1 TL Salz
70 g Teller- oder Berglinsen
1 EL Zitronensaft
50 ml Orangensaft
1 EL Currypulver
½ TL Kreuzkümmel
Etwas Salz und Pfeffer zum Würzen

Nährwerte p. P.

92 kcal
0 g Fett
18 g Kohlenhydrate
5 g Eiweiß

1 Schneiden Sie zuerst den Hokkaido-Kürbis, ohne die Schale zu entfernen, in kleine Stücke.

2 Geben Sie die Kürbisstücke mit einem Teelöffel Salz in einen Topf mit Wasser. Lassen Sie diese für ungefähr 10 Minuten köcheln, bis sie weich sind. Entnehmen Sie den Kürbis mit einer Schaumkelle aus dem Topf, lassen Sie das Wasser aber im Topf.

3 Geben Sie nun die Linsen in das kochende Wasser und lassen Sie diese etwa 15 Minuten lang bei mittlerer Hitze kochen, bis sie weich sind. Seihen Sie die Linsen anschließend ab.

4 Fügen Sie die gekochten Kürbisstücke und Linsen in ein hohes Gefäß. Geben Sie den Zitronen- und Orangensaft sowie das Currypulver und den Kreuzkümmel hinzu.

5 Pürieren Sie alle Zutaten, bis eine glatte Masse entsteht. Schmecken Sie den Linsen-Kürbis-Aufstrich mit Salz und Pfeffer ab, bis er ganz nach Ihrem Geschmack ist.

WÜRZIGER LINSEN-LAUCH-AUFSTRICH IM LANDHAUSSTIL

 150 g
 8,5 Std.

 Leicht

Zutaten

50 g kleine braune Linsen
1–2 Lauchstangen
45 g Sonnenblumenkerne
½ Zweig Rosmarin
½ EL Mandelmus
Kräutersalz nach Geschmack
Pfeffer nach Geschmack
Muskatnuss nach Geschmack
Einige Tropfen Distelöl
Hefeflocken nach Geschmack
Bund Majoran (Nach Belieben)
Zitrone, Abrieb
Etwas Apfeldicksaft nach Geschmack

Nährwerte p. P.

65 kcal
8 g Fett
12 g Kohlenhydrate
6 g Eiweiß

1 Beginnen Sie damit, die braunen Linsen vorzubereiten. Dazu sollten diese über Nacht in ausreichend Wasser eingeweicht werden. Spülen Sie die eingeweichten Linsen am nächsten Tag ab und geben Sie sie zusammen mit dem geschnittenen Lauch in einen Topf. Kochen Sie das Ganze für etwa 20 Minuten, bis die Linsen weich sind. Lassen Sie die Linsen und den Lauch anschließend abkühlen.

2 Während die Linsen abkühlen, nehmen Sie die Sonnenblumenkerne und rösten diese in einer Pfanne, bis sie leicht gebräunt und duftend sind. Entfernen Sie die Rosmarinnadeln vom Zweig und mahlen Sie sie zusammen mit den gerösteten Sonnenblumenkernen zu einem feinen Pulver.

3 Nehmen Sie das Mandelmus und rühren Sie es mit etwas Wasser glatt, bis eine cremige Konsistenz entsteht.

4 Sobald die Linsen und der Lauch abgekühlt sind, pürieren Sie diese zu einer glatten Masse. Fügen Sie dann das Sonnenblumenkern-Rosmarin-Pulver, das verdünnte Mandelmus und alle restlichen Zutaten hinzu. Vermischen Sie alles gut.

5 Schmecken Sie den Aufstrich mit Kräutersalz, Pfeffer und Muskatnuss ab. Je nach Wunsch können Sie auch noch Hefeflocken hinzufügen, um den Aufstrich cremiger zu machen.

6 Übertragen Sie den Aufstrich in ein luftdicht verschließbares Glas und bewahren Sie es im Kühlschrank auf. Der Aufstrich kann sofort serviert werden, schmeckt aber noch besser, wenn er ein paar Stunden durchgezogen ist.

Suppen

KÖSTLICHE SUPPE MIT SÜSSKARTOFFEL UND QUITTE

4 Port. 50 Min. Leicht

Zutaten

2 Zwiebeln
4 Quitten
4 EL Olivenöl
400 g Süßkartoffeln
1 Apfel
100 g Knollensellerie
800 ml Gemüsebrühe
100 ml Sojacreme
Etwas Salz und Pfeffer
2 Stiele frische Petersilie
1 EL Zitronensaft
4 gemahlene Pimentkörner

Nährwerte p. P.

371 kcal
16 g Fett
50 g Kohlenhydrate
6 g Eiweiß

1 Die Zwiebeln schälen und klein schneiden. Jetzt die Quitten abreiben, schälen und in Viertel schneiden. Dann die Kerne entfernen und in Würfel schneiden.

2 Etwas Öl in einem Topf erhitzen und die Quitten mit den Zwiebeln ca. 8 Minuten anbraten.

3 In der Zwischenzeit können Süßkartoffeln, Apfel und Sellerie geschält werden. Den Apfel in Viertel schneiden und würfeln. Stellen Sie 4 EL der Quitten zur Seite.

4 Nun kommen der Apfel und das restliche Gemüse in den Topf. Nach ein paar Minuten wird alles mit der Brühe und der Sojacreme abgelöscht. Würzen Sie das Gericht mit etwas Salz und Pfeffer und lassen Sie es etwa 20 Minuten köcheln. Die Petersilie fein schneiden und mit den restlichen Quitten mischen.

5 Pürieren Sie die Suppe jetzt fein und geben Sie nach Bedarf noch etwas Flüssigkeit dazu. Schmecken Sie die Suppe mit dem frischen Zitronensaft, etwas Salz und Pfeffer ab und verteilen Sie sie auf Tellern. Die fertige Suppe mit der Petersilien-Quitten-Mischung servieren und mit gemahlenen Pimentkörnern garnieren.

CREMIGE SUPPE MIT FRISCHEN KARTOFFELN UND SELLERIE

4 Port.

40 Min.

Leicht

Zutaten

1 EL Öl
1 Zwiebel, gewürfelt
3 Zehen Knoblauch, fein gehackt
2 Stangen Staudensellerie, gewürfelt
900 g klein geschnittene Kartoffeln
½ TL Majoran
1 Prise Muskat
Etwas Salz und Pfeffer
1 l Gemüsebrühe
1 Lorbeerblatt
80 ml Pflanzencreme
Frische Petersilie zum Garnieren

Nährwerte p. P.

269 kcal
9 g Fett
39 g Kohlenhydrate
7 g Eiweiß

1 Das Öl in einem Topf erhitzen und die Zwiebel für 3 Minuten hinzugeben. Danach den Knoblauch, Sellerie, die Kartoffeln, die Möhren und die Gewürze dazugeben.

2 Die Brühe und das Lorbeerblatt untermischen und alles zum Kochen bringen. Alles für 20 Minuten köcheln lassen, bis das Gemüse gar ist.

3 Die halbe Suppe in einen anderen Topf geben und das Lorbeerblatt entnehmen.

4 Die Hälfte pürieren und wieder mit der übrigen Hälfte mischen. Die Pflanzencreme untermischen und alles abschmecken.

CREMIGE SUPPE MIT KAROTTE UND CURRY

2 Port. 30 Min. Leicht

Zutaten

250 g Karotten
2 EL Olivenöl
½ l Gemüsebrühe
2 EL Hefeflocken
½ TL Curry
1 Prise Pfeffer aus der Mühle
1 Prise Kräutersalz
1 Zwiebel

Nährwerte p. P.

147 kcal
5 g Fett
15 g Kohlenhydrate
1 g Eiweiß

1 Zuerst müssen die Karotten gewaschen, geschält und anschließend grob gerieben werden. Danach die Zwiebel schälen und auch klein schneiden.

2 Nun das Öl in einem Topf erhitzen und im Anschluss die Karotten und die Zwiebeln etwas andünsten.

3 Das Ganze dann mit der Gemüsebrühe ablöschen und für etwa 10 Minuten leise köcheln lassen.

4 Geben Sie anschließend die Hefeflocken dazu und schmecken Sie alles mit Curry, Pfeffer und dem Salz ab. Die Suppe dann mit einem Stab pürieren und dann nochmals aufkochen lassen.

5 Fertig ist die leckere Curry-Karotten-Suppe.

FRISCHE GEMÜSESUPPE

2 Port. 1 Std. Leicht

Zutaten

1 kleine Fenchelknolle
150 g Karotte
150 g Steckrüben
150 g Kartoffeln
1 EL Öl
750 ml Gemüsebrühe
Nach Belieben Salz und Pfeffer
1 EL Zitronensaft
1 EL Sojasauce

Nährwerte p. P.

156 kcal
1 g Fett
28 g Kohlenhydrate
6 g Eiweiß

1 Zuerst den Fenchel in Streifen schneiden. Dann die Möhren, die Steckrübe und die Kartoffeln schälen und in kleine Stückchen schneiden.

2 Erhitzen Sie das Öl in einem großen Topf und schwitzen Sie das ganze Gemüse kurz darin an.

3 Im Anschluss 750 ml Gemüsebrühe hinzufügen und die Suppe für 25 Minuten mit Deckel köcheln lassen.

4 Verrühren Sie nun in einer kleinen Schüssel 3 EL der heißen Brühe mit dem Zitronensaft. Nachdem die 25 Minuten vergangen sind, die Mischung einfach in die Suppe einrühren.

5 Die Suppe abschmecken und nach Belieben noch mit etwas Salz und Pfeffer würzen. Die Suppe warm servieren.

LECKERE KOHLSUPPE

8 Port. 45 Min. Leicht

Zutaten

1 kleiner Kohlkopf (Wirsing)
2 Zwiebeln
3 Karotten
1 Bund Suppengrün
2 Tomaten
2 Stiele frische Petersilie
3 EL Tomatenmark
½ l Gemüsebrühe
Etwas Chilipulver
Etwas Meersalz
2 EL Olivenöl

Nährwerte p. P.

110 kcal
2 g Fett
16 g Kohlenhydrate
6 g Eiweiß

1 Den Strunk vom Kohl entfernen und den Kopf halbieren. Anschließend in kleine Stücke schneiden. Nun die Zwiebeln schälen und fein hacken.

2 Danach das Suppengrün und die Karotten ebenso schälen und in kleine Stücke schneiden.

3 Erhitzen Sie wenig Öl in einem Topf und dünsten Sie die Zwiebeln darin kurz an. Im Anschluss das Tomatenmark dazugeben und kurz warten.

4 Nun alles mit der Brühe ablöschen und den Kohl, das Gemüse und die in Viertel geschnittenen Tomaten dazugeben. Alles so lange köcheln lassen, bis das Gemüse richtig weich ist.

5 Die gehackte Petersilie darüberstreuen und die Suppe mit Salz und wenig Chilipulver abschmecken. Sie können die Suppe pürieren oder so genießen.

CREMIGE TOMATENSUPPE

24 Port.

1,5 Std.

Leicht

Zutaten

1 kg Fleischtomaten
1 rote Paprika
1 kleine Chili
2 Zehen Knoblauch
2 Zwiebeln
Etwas Öl
5 g frisches Basilikum
Etwas frischer Oregano
3 EL Tomatenmark
Etwas Gemüsebrühe
Etwas Salz und Pfeffer
Etwas pflanzliche Sahne

Nährwerte p. P.

204 kcal
4 g Fett
23 g Kohlenhydrate
17 g Eiweiß

1 Die Tomaten, die Paprika und die Chili klein schneiden. Dann die Kerne der Chili entfernen. Den Knoblauch und die Zwiebel fein hacken.

2 Etwas Öl in einem Topf erhitzen und den Knoblauch, die Zwiebeln und die Chili anbraten. Dann die Tomaten, die Paprika und das Basilikum hinzugeben. Alles mit dem Tomatenmark verfeinern und für 10 Minuten anbraten.

3 Die Brühe hinzugeben und alles für etwa 60 Minuten köcheln lassen. Die Suppe nun pürieren und mit Salz und Pfeffer würzen.

FRISCHE BROKKOLISUPPE MIT TAHINI

 4 Port.

 4 Std. 40 Min.

 Mittel

Zutaten

600 g Brokkoli
1 Zwiebel
2 EL Rapsöl
900 ml Gemüsebrühe
½ Bio-Zitrone
250 ml vegane Kochcreme
3 EL Tahini
1 Prise Salz
1 Prise Pfeffer
½ Bund glatte Petersilie
4 EL Pistazien
100 g Granatapfelkerne

Nährwerte p. P.

451 kcal
27 g Fett
32 g Kohlenhydrate
19 g Eiweiß

1 Den Brokkoli in kleine Röschen schneiden und die Zwiebel fein würfeln. Danach beides in etwas Öl anbraten. Nun die Brühe hinzugeben und für etwa 15 Minuten weich kochen.

2 Die Zitrone waschen, danach zwei Scheiben abschneiden. Anschließend in Viertel schneiden. Den übrigen Saft auspressen.

3 Die Suppe pürieren, dann die Creme, Salz, Pfeffer, Tahini und Zitronensaft hinzugeben und untermengen.

4 Anschließend die frische Petersilie waschen und fein hacken. Danach die Pistazienkerne grob hacken.

5 Die fertige Suppe mit den Zitronen, der Petersilie, den Pistazien und den Granatapfelkernen garnieren.

Hauptgerichte mit Fleisch

HÄHNCHEN MIT OFENGEMÜSE NACH KARIBISCHER ART

1 Port.

45 Min.

Leicht

Zutaten

Für die Marinade:
1 Hähnchenschenkel
Etwas japanische Sojasauce
Etwas karibisches Grillgewürz

Für das Ofengemüse:
2 kleine Kartoffeln
1 große Karotte
½ gelbe Paprika
1 mittelgroße Zwiebel
26 kleine Stückchen Rosenkohl

Für die Ölsauce:
10 ml Paradiesöl
1 Zehe Knoblauch
Etwas Zitronenpfeffer
Etwas Orangenpfeffer
Etwas schwarzer Kümmel
Etwas getrockneter Bärlauch
Grüne Tabascosauce

Topping:
Salatkörner zum Garnieren

Nährwerte p. P.

451 kcal
27 g Fett
32 g Kohlenhydrate
19 g Eiweiß

1 Als Erstes die Marinade anmischen und das Hähnchen hineinlegen. Lassen Sie das Ganze ca. vier Stunden durchziehen. Währenddessen immer wieder in der Marinade wenden, sodass alles bedeckt bleibt.

2 Das Hähnchen im Anschluss in eine passende Auflaufform geben und das Gemüse hinzugeben.

3 Alle nötigen Zutaten für die Ölsauce in einer Schale mischen und das Gemüse damit pikant würzen. Verteilen Sie auch die Salatkörner auf dem Gemüse.

4 Danach den Ofen auf 200 Grad Celsius Ober-/Unterhitze vorheizen und alles für ca. 40 Minuten in den Ofen geben.

PIKANTES RINDFLEISCH MIT REIS

4 Port. | 1 Std. 10 Min. | Leicht

Zutaten

800 g Bio-Rinderbraten
2 EL Öl zum Braten
1 TL Gemüsebrühe
1 TL Pfeffer
1 TL Salz
2 TL Paprikapulver
500 ml heißes Wasser
2 EL frische Petersilie
2 EL Kokosmehl (etwa 20 g)
200 ml kaltes Wasser

Für den Reis:
300 g Jasminreis
700 ml Wasser
5 EL Öl
200 g Ananas
100 g Mandeln
1 TL Gemüsebrühe
½ TL Salz

Nährwerte p. P.

664 kcal
22 g Fett
85 g Kohlenhydrate
29 g Eiweiß

1 Als Erstes das Fleisch in kleinere Stücke schneiden. Geben Sie einen EL Öl in einen Topf und erhitzen Sie dieses. Die Hälfte vom Fleisch wird angebraten und danach aus dem Topf genommen.

2 Im Anschluss erneut 1 EL Öl in den Topf geben und das übrige Fleisch darin gut anbraten. Wenn das Fleisch fertig angebraten ist, kann das bereits gebratene Fleisch wieder dazugegeben werden.

3 Das Salz, den Pfeffer, die Brühe und das Paprikapulver mit zum Fleisch geben und würzen. Das heiße Wasser mit in den Topf füllen und alles für etwa 60 Minuten gut schmoren lassen. Ab und an können Sie etwas Wasser nachfüllen, damit am Ende eine schöne Sauce rauskommt.

4 Das kalte Wasser nehmen und das Kokosmehl gut einrühren, damit keine Klumpen entstehen. Beides zusammen in den Topf geben, um die Sauce sämiger zu machen.

5 Während das Fleisch leise köchelt, den Reis gemeinsam mit 700 ml heißem Wasser in einen Topf geben. Den Reis zum Kochen bringen, die Hitze reduzieren und dann quellen lassen.

6 Schneiden Sie die Ananas in kleine Stücke und würzen Sie anschließend den Reis mit Salz, Pfeffer und der Gemüsebrühe.

7 Die Ananas mit zum Reis geben und 5 EL Öl in eine Pfanne geben. Dann die Mandeln kurz darin anbraten. Die Mandeln zum Reis geben und alles abschmecken. Den Reis gemeinsam mit dem Rindfleisch servieren.

EINFACHES GULASCH MIT RIND

4 Port.

1 Std.
10 Min.

Leicht

Zutaten

250 g Möhren (3 Möhren)
150 g Knollensellerie (1 Stück)
3 Zwiebeln
2 EL Rapsöl
600 g Rindergulasch
45 g Tomatenmark
600 ml Fleischbrühe
½ TL Pfefferkörner
Etwas Salz
Etwas Pfeffer
2 TL Paprikapulver
1 TL Majoran
1 Zweig frischer Rosmarin

Nährwerte p. P.

288 kcal
13 g Fett
9 g Kohlenhydrate
33 g Eiweiß

1 Die Möhren und den Sellerie waschen und in Würfel schneiden. Die Zwiebeln schälen und in Streifen schneiden.

2 Das Öl in einem Topf erhitzen und das Fleisch für 5 Minuten darin stark anbraten. Das Gemüse dazugeben und ebenso 5 Minuten stark anbraten - dabei immer wieder rühren. Das Tomatenmark dazugeben und 4 Minuten köcheln lassen.

3 Anschließend ca. 50 ml Brühe hinzugeben und erneut für 3-4 Minuten unter Rühren köcheln lassen.

4 Die übrige Brühe dazugeben. Etwas Salz, Pfeffer, Paprikapulver, Pfefferkörner, Majoran und den Rosmarin hinzufügen. Alles für etwa 1,5 Stunden bei geringer Hitze leise köcheln lassen. Die Sauce sollte dann sämig sein.

5 Das Gulasch abschließend mit Salz und Pfeffer verfeinern und abschmecken.

ZARTE SPIEßE MIT HÄHNCHEN UND CURRY

 20 Port.

 1 Std. 20 Min.

Leicht

Zutaten

3 EL Austernsauce
1 EL Currysauce
3 Frühlingszwiebeln
15 g Ingwer
4 Zehen Knoblauch
140 ml Kokosmilch
2 EL gemahlener Koriander
1 Prise Pfeffer
2 Stücke Hähnchenbrustfilet
1 Prise Salz
5 Stangen Zitronengras

Nährwerte p. P.

108 kcal
2 g Fett
1 g Kohlenhydrate
21 g Eiweiß

1 Das Fleisch gründlich waschen und trocken tupfen. Danach in kleinere Stücke schneiden.

2 Schälen Sie die Knoblauchzehen und hacken Sie sie fein. Danach die Frühlingszwiebeln waschen und fein hacken. Den Ingwer schälen und zusammen mit dem Zitronengras klein schneiden.

3 Einen Mixer nehmen und den Knoblauch, die Frühlingszwiebeln, den Ingwer und das Zitronengras hineingeben. Dann das Currypulver, die Austernsauce, den Koriander, die Kokosmilch, das Salz und den Pfeffer hinzufügen und alles gut pürieren.

4 Das Fleisch jetzt in die pürierte Marinade geben und für etwa eine Stunde im Kühlschrank ziehen lassen.

5 Die Fleischstücke auf Spieße stecken und in einer Pfanne mit wenig Öl gründlich anbraten. Nach etwa 5 Minuten aus der Pfanne nehmen und servieren.

FRISCHER EINTOPF MIT KICHERERBSEN UND KARTOFFELN

2 Port.

1 Std.

Leicht

Zutaten

2 EL Olivenöl
1 große rote Zwiebel
4 Zehen Knoblauch
2 Stangen Sellerie
2 TL scharfe Paprikapaste
2 TL gemahlener Koriander
1 TL Kurkuma
¼ TL Zimt
1 Dose stückige Tomaten
1 l heißes Wasser
400 g gewürfelte Kartoffeln
1 Dose Kichererbsen
50 g Babyspinat
Etwas Salz und Pfeffer
Etwas Zitronensaft
Nach Belieben Chiliflocken

Nährwerte p. P.

270 kcal
44 g Fett
38 g Kohlenhydrate
26 g Eiweiß

1 Zuerst die Zwiebel und den Knoblauch schälen, danach in Würfel schneiden. Den Sellerie waschen und in feine Würfel schneiden. Die Kartoffeln in Würfel schneiden.

2 Nun das Öl in einem Topf erhitzen und den Knoblauch, die Zwiebeln und die Selleriewürfel anbraten. Nach kurzer Zeit die Paste hinzufügen. Auch den Koriander, die Kurkuma, den Zimt, die Tomaten und das heiße Wasser hinzugeben.

3 Alles aufkochen lassen und auch die Kartoffeln untermengen. Alles mit Salz und Pfeffer verfeinern. Alles für ca. 20 Minuten köcheln lassen.

4 Danach die Kichererbsen und den Spinat waschen. Dann für 5 Minuten mit in den Topf geben. Auch etwas Zitronensaft, die Chiliflocken und nach Belieben noch Salz und Pfeffer hinzugeben. Je nach gewünschter Konsistenz kann es nun serviert oder noch ein wenig püriert werden.

PFIRSICHSPIESSE MIT HÄHNCHEN

 2 Port.  1,5 Std.  Leicht

Zutaten

8 Holzspieße
250 g Hähnchenbrustfilet
1 Pfirsich
1 Bio-Limette
1 Zehe Knoblauch
1 Zweig frischer Rosmarin
2 EL Olivenöl
Etwas Meersalz
Etwas frisch geriebener schwarzer Pfeffer
400 g Kartoffeln
2 Zweige frische Minze
2 Zweige glatte Petersilie
1 Becher Naturjoghurt
1 EL Sesampaste
1 EL Sesam

Nährwerte p. P.

345 kcal
15 g Fett
3 g Kohlenhydrate
50 g Eiweiß

1 Als Erstes die Holzspieße in Wasser einweichen. Das Hähnchen gut waschen und abtrocknen. Danach in kleinere Würfel schneiden. Den gewaschenen Pfirsich entkernen und in feine Spalten schneiden. Dann das Fleisch und den Pfirsich nach und nach auf die Spieße stecken.

2 Die Limette auspressen und den Knoblauch schälen und klein hacken. Den frischen Rosmarin grob hacken.

3 Das Olivenöl in eine kleine Schüssel geben und mit Limettensaft, der Hälfte vom Knoblauch und dem Rosmarin mischen. Die Marinade mit Salz und Pfeffer würzen. Geben Sie die Spieße auf einen Teller und beträufeln Sie die Spieße mit der Marinade. Dann für etwa 60 Minuten ziehen lassen und immer einmal wieder in der Marinade drehen.

4 Die Kartoffeln gründlich abwaschen und in Viertel schneiden. Danach in eine passende Auflaufform geben. Die Kartoffeln mit Pfeffer, Chili und Salz würzen. Jetzt für etwa 25 Minuten bei 200 Grad Celsius Ober-/Unterhitze in den Ofen geben. Die Kartoffeln dabei ein paar Male wenden.

5 Die frische Minze und Petersilie gründlich waschen und grob zerkleinern. Den Joghurt in eine höhere Schüssel geben und gemeinsam mit dem Sesam, der Sesampaste, dem Knoblauch, der Minze und der Petersilie pürieren.

6 Die Spieße nun für etwa 10 Minuten grillen und danach etwas salzen. Die Spieße gemeinsam mit den Kartoffeln und der Sesamsauce servieren.

KÖSTLICHES HÄHNCHEN MIT KURKUMA UND BROKKOLI

2 Port. 1,5 Std. Mittel

Zutaten

400 g Hähnchenbrustfilet
1 Zehe Knoblauch
Etwas Meersalz
1 TL Kurkuma
1 Messerspitze Chilipulver
½ TL Koriander
½ TL Kreuzkümmel
2 EL Kefir
400 g Brokkoli
1 rote Paprika
3 Frühlingszwiebeln

Nährwerte p. P.

250 kcal
11 g Fett
7 g Kohlenhydrate
30 g Eiweiß

1 Das Fleisch gut waschen und abtrocknen. Danach den Knoblauch klein hacken und mit Salz, Chili, Kurkuma, Koriander, Kümmel und Kefir verfeinern. Die Filets nun marinieren und für 30 Minuten im Kühlschrank ziehen lassen.

2 Den Brokkoli in kleine Röschen und die Paprika in Streifen schneiden. Die Frühlingszwiebel waschen und anschließend in kleine Ringe teilen.

3 Etwas Öl in einem Wok erhitzen und das Fleisch aus der Marinade nehmen. Dann im Öl für 5 Minuten kräftig von allen Seiten anbraten.

4 Das Fleisch nun in Alufolie einwickeln und den Ofen auf 180 Grad Celsius Ober-/Unterhitze vorheizen. Das Fleisch nun für ca. 15 Minuten backen.

5 Nun das Gemüse und die Mandeln in den Wok geben und für etwa 8 Minuten anbraten. Dann alles mit der Brühe ablöschen und verfeinern.

6 Das fertig gebackene Fleisch mit dem Brokkoli und der Petersilie servieren.

FRISCHE SÜSSKARTOFFEL MIT RINDERHACKFLEISCH

2 Port.

50 Min.

Leicht

Zutaten

300 g Rinderhackfleisch
1 EL Piment
1 EL Kreuzkümmel
1 EL Zimt
2 Zehen Knoblauch
1 Zwiebel
2 große Süßkartoffeln
1 EL Zitronensaft
Etwas Wasser oder Hühnerbrühe
1 Handvoll frische Berberitzen
Etwas frischer Koriander oder frische Petersilie
Nach Belieben etwas Joghurt als Beilage
Etwas feines Meersalz

Nährwerte p. P.

535 kcal
37 g Fett
12 g Kohlenhydrate
37 g Eiweiß

1 Zuerst die Süßkartoffeln schälen und anschließend in kleine Würfel schneiden. Den Knoblauch und die Zwiebel schälen und fein schneiden. Geben Sie den Kümmel und den Piment in einen Mörser und zermahlen Sie beides.

2 Das Fleisch dann mit in die Pfanne geben und mit Salz, Kümmel, Zimt und Piment bestreuen. Danach auf einen Teller füllen.

3 In der Pfanne erneut Knoblauch und Zwiebeln in etwas Olivenöl anbraten. Geben Sie die Süßkartoffeln und das Fleisch hinzu und löschen Sie alles mit der Brühe oder dem Wasser ab. Dann alles für mehrere Minuten köcheln lassen. Nur so viel Brühe/Wasser hinzufügen, dass nichts anbrennt. Die Süßkartoffeln sollten dann weich sein.

4 Berberitzen in die Pfanne geben und alles mit Salz, Pfeffer und Zitronensaft verfeinern. Alles auf Tellern anrichten und mit frischen Kräutern und Joghurt anrichten.

GEFÜLLTE ZUCCHINI MIT RIND

2 Port.

50 Min.

Leicht

Zutaten

2 Zucchini
20 g frischer Koriander
1 Zwiebel
1 Zehe Knoblauch
1 EL Ghee
300 g Rinderhackfleisch
¼ TL Currypulver
¼ TL Chilipulver
100 ml Kokosmilch
Etwas Salz und Pfeffer

Nährwerte p. P.

535 kcal
37 g Fett
12 g Kohlenhydrate
37 g Eiweiß

1 Den Backofen auf 180 Grad Celsius Ober-/Unterhitze vorheizen.

2 Waschen Sie den Koriander und hacken Sie ihn anschließend klein. Die Zwiebel und den Knoblauch schälen, beides fein hacken und zur Seite stellen. Die Enden der Zucchini abschneiden und danach längs halbieren. Die Zucchini aushöhlen und das Fruchtfleisch zur Seite stellen. Legen Sie die Zucchini auf ein mit Backpapier ausgelegtes Backblech und backen Sie sie für etwa 10 Minuten.

3 In der Zwischenzeit Ghee in einer Pfanne schmelzen lassen und die Zwiebel und den Knoblauch kurz anbraten. Nun das Hackfleisch hinzugeben, bis es leicht braun geworden ist. Danach das Fruchtfleisch der Zucchini, das Currypulver, die Kokosmilch und Chili hinzugeben. Alles mit Salz und Pfeffer bestreuen. Alles für etwa 8 Minuten leise köcheln lassen und zuletzt den frischen Koriander untermengen.

4 Die gebackenen Zucchini mit der Hackfleischmischung füllen und nochmals für 10 Minuten in den Ofen geben. Zum Schluss mit frischem Koriander garnieren und genießen.

RINDERROULADEN

4 Port.

2,5 Std.

Mittel

Zutaten

6 Scheiben Rinderrouladen
6 Scheiben Speck
6 Gewürzgurken
2 TL Dijon-Senf
2 große Schalotten
1 EL Butterschmalz
Etwas Salz und Pfeffer
Küchengarn

Für die Sauce:
1 Bund Suppengrün
1 TL Tomatenmark
1 EL Zucker
400 ml Rotwein
400 ml Rinderbrühe
60 g Butter
1 Bund Schnittlauch
Etwas Salz und Pfeffer

Nährwerte p. P.

395 kcal
21 g Fett
8 g Kohlenhydrate
44 g Eiweiß

1 Das gesamte Gemüse klein schneiden und fertig zur Seite stellen. Nun mit einem Fleischklopfer die Rouladen dünn klopfen. Dafür etwas Frischhaltefolie auf das Fleisch legen. Die Rouladen anschließend auf der Arbeitsplatte zurechtlegen.

2 Jede Roulade mit Salz und Pfeffer würzen und mit 2 TL Senf bestreichen. Dann kommen der Speck und etwas Gurke hinzu. Auch ein paar klein geschnittene Schalotten darauf verteilen.

3 Nun die Rouladen vorsichtig aufrollen und am Ende mit einem Küchengarn zusammenschnüren.

4 Nun den Ofen auf 160 Grad Celsius Ober-/Unterhitze vorheizen.

5 Jetzt etwas Butter in einem Bräter schmelzen lassen und die Rouladen heiß anbraten.

6 Die Rouladen kurz aus der Pfanne nehmen, damit Platz für die Sauce ist. Für die Sauce das Gemüse, die Schalotten, das Tomatenmark und den Zucker in die Pfanne geben. Alles für etwa 5 Minuten anbraten. Nun dreimal hintereinander etwas Rotwein hinzugießen und jeweils warten, bis er eingekocht ist.

7 Anschließend die Rinderbrühe dazugeben. Geben Sie nun die Rouladen wieder hinzu, Die Pfanne jetzt für ca. 90 Minuten in den Ofen geben. Danach sollten die Rouladen gar sein, dafür am besten das Fleisch kurz probieren und ggf. für weitere 15 Minuten erneut in den Ofen geben.

Hauptgerichte mit Fisch

BOWL MIT TERIYAKI-LACHS

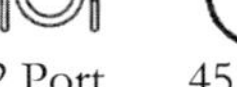

2 Port. 45 Min. Mittel

Zutaten

600 g Lachs mit Haut
125 g helle Sojasauce
45 g brauner Zucker
1 Zehe Knoblauch
1 TL Öl
1 TL Speisestärke
400 g Brokkoli
1–2 Möhren
200 g Zuckerschoten
1 rote Paprika
Etwas Sesamsamen

Nährwerte p. P.

449 kcal
16 g Fett
46 g Kohlenhydrate
33 g Eiweiß

1 Den Lachs in vier Stücke teilen. In einer Schüssel Sojasauce, braunen Zucker, Speisestärke und das Öl mischen. Dann den Knoblauch dazupressen. Den Lachs und die Marinade in einen Gefrierbeutel geben, gut verschließen und für ca. 15 Minuten im Kühlschrank ziehen lassen.

2 Den Ofen auf 200 Grad Celsius Ober- /Unterhitze vorheizen.

3 Den Brokkoli in kleine Röschen schneiden und die Möhren in Scheiben schneiden. Die Paprika in kleine Würfel schneiden. Das Gemüse mit den Zuckerschoten auf einem Blech verteilen.

4 Den Lachs dann auf das Gemüse legen und das Blech mit etwas Marinade beträufeln. Alles für 20 Minuten in den Ofen geben.

5 Im Topf 50 ml Wasser mit der übrigen Teriyaki-Sauce aufkochen und am Ende über die Bowls geben.

PIKANTES CURRY MIT FISCH

4 Port. 45 Min. Mittel

Zutaten

2 Zwiebeln
1 Zehe Knoblauch
1 Stück Ingwer
2 Karotten
100 g Spinat
600 g Kabeljaufilet
1 Limette
1 Bund Koriander
1 EL Rapsöl
1–2 EL Currypaste
200 ml Kokosmilch
400 g stückige Tomaten
Etwas Pfeffer und Salz
1 TL Fischsauce
250 g Basmatireis

Nährwerte p. P.

449 kcal
16 g Fett
46 g Kohlenhydrate
33 g Eiweiß

1 Die Zwiebeln fein würfeln und den Knoblauch hacken. Den Ingwer fein hacken und die Möhren in dünne Streifen schneiden. Den Spinat gründlich waschen. Den Reis nach Anleitung kochen.

2 Den Fisch waschen und in kleine Stücke schneiden. Die Limette über den Fisch pressen. Den Koriander klein hacken.

3 In einem Topf das Öl erhitzen und den Knoblauch, den Ingwer und die Zwiebeln darin anbraten. Die Möhren und das Curry hinzufügen und nach 2 Minuten mit den Tomaten und der Kokosmilch ablöschen. Alles für 7 Minuten köcheln lassen.

4 Den Fisch, den Limettensaft und den Spinat in den Topf geben. Für 8 Minuten köcheln lassen und anschließend mit Pfeffer, Salz und Fischsauce abschmecken. Das Curry mit Reis servieren.

KABELJAU VOM GRILL MIT SALAT, PAPAYA UND NÜSSEN

4 Port.

40 Min.

Mittel

Zutaten

1 Papaya
150 g Babyspinat
120 g gemischte Nüsse
½ Bund frischer Kerbel
1 Bio-Limette
2 TL Kräutersenf
4 EL Olivenöl
Etwas Salz und Pfeffer
4 Kabeljaufilets (je ca. 125 g)

Nährwerte p. P.

449 kcal
16 g Fett
46 g Kohlenhydrate
33 g Eiweiß

1 Im ersten Schritt die Papaya schälen und halbieren. Dann die Kerne entnehmen und die Frucht in kleine Stücke schneiden. Den Spinat gründlich waschen und trocken schleudern. Nun die Nüsse fein hacken und den Kerbel waschen und klein zupfen.

2 Die Limette abwaschen, dann halbieren und den Saft auspressen. Den Senf in eine kleine Schüssel geben, den Limettensaft und das Olivenöl hinzugeben und vermischen. Etwas Salz und Pfeffer hinzugeben.

3 Würzen Sie den Fisch mit etwas Salz und braten Sie ihn in einer Grillpfanne an. Dann die Nüsse dazugeben und ebenso anbraten.

4 Alles für den Salat in eine Schüssel geben und mit dem Dressing gut mischen. Den Salat auf Tellern anrichten, den Fisch hinzugeben und alles mit Nüssen garnieren.

Vegane Hauptgerichte

FRISCHE ZUCCHINI MIT LUPINENBOLOGNESE

1 Port.

35 Min.

Leicht

Zutaten

300 g Zucchini
100 g Karotte
50 g Sellerie
40 g Zwiebel
1 Zehe Knoblauch
5 g Öl
50 g Süßlupinenschrot oder Linsen
45 g Grünkernschrot
10 g Tomatenmark
150–180 ml Gemüsebrühe
400 g gehackte Tomaten
Je 1 Prise Salz und Pfeffer
1 TL Oregano
1 TL Thymian
Frische Petersilie oder Koriander zum Garnieren

Nährwerte p. P.

647 kcal
12 g Fett
89 g Kohlenhydrate
30 g Eiweiß

1 Zunächst die Karotten, den Sellerie, die Zwiebel und den Knoblauch waschen, schälen und in kleine Stücke schneiden.

2 Nun das Öl in einem Topf erhitzen und dann Stück für Stück das Gemüse hinzufügen und kräftig andünsten.

3 Anschließend den Lupinenschrot und den Grünkernschrot gründlich abwaschen und dem Gemüse hinzufügen.

4 Jetzt können das Tomatenmark, die gehackten Tomaten, der Oregano, der Thymian und die Gemüsebrühe untergerührt werden.

5 Im Anschluss alles mit Salz und Pfeffer abschmecken und für etwa 40 Minuten leicht köcheln lassen. Nach Bedarf hin und wieder umrühren.

6 Die Zucchini werden nun geputzt und mit einem Spiralschneider in dünne Spaghetti geschnitten.

7 Die Nudeln anschließend auf einem Teller anrichten und dann die Sauce darübergießen. Abschließend noch mit frischen Kräutern garnieren und servieren.

CREMIGE LASAGNE MIT RÜBEN UND ERBSEN

4 Port.

50 Min.

Leicht

Zutaten

6 mehlige Kartoffeln
2 rote Rüben
2 große Karotten
100 g Erbsen
1 Schalotte
2 Zehen Knoblauch
1 Handvoll frisches Basilikum
Etwas Lauch
Etwas Salz, schwarzer Pfeffer und Muskat
Ein wenig Olivenöl

Nährwerte p. P.

245 kcal
1 g Fett
51 g Kohlenhydrate
6 g Eiweiß

1 Zuerst die Kartoffeln kochen. Die Schale entfernen und dann zerstampfen. Das Ganze mit etwas Salz, Pfeffer und Muskat würzen. Sollten die Kartoffeln zu hart sein, können Sie einfach etwas Wasser dazugeben.

2 Die roten Rüben werden danach geschält und in Alufolie gepackt. Geben Sie die Rüben im Anschluss auf ein mit Backpapier belegtes Backblech und backen Sie sie für etwa 45 Minuten bei 180 Grad Celsius Ober-/Unterhitze.

3 Als Nächstes werden die Karotten geschält und in dünne Scheiben geschnitten. Dann die Karotten und die Erbsen in einen Topf geben und beides weichkochen.

4 Nun die Schalotte, die Karotten, den Knoblauch, die Erbsen und den Basilikum in einen Mixer geben und fein pürieren. Das Püree dann noch mit Salz, Pfeffer und etwas Muskat abschmecken.

5 Danach den Lauch in der Mitte halbieren und dann in etwa 5 cm lange Stücke schneiden. Den Lauch dann ganz kurz blanchieren und anschließend wieder auseinanderlegen.

6 Nun kommen die einzelnen Zutaten Schicht für Schicht in eine Form für die Lasagne - zuerst das Kartoffelpüree, dann die Lauchstreifen, das Püree aus Erbsen, wieder Lauchstreifen und dann die roten Rüben. Das Ganze dann wiederholen, bis die Zutaten aufgebraucht sind.

HIRSEBÄLLCHEN MIT SÜẞKARTOFFELPUEREE

2 Port.

45 Min.

Leicht

Zutaten

Für das Püree:
250 g Süßkartoffeln
1 Schalotte
2 kleine Zehen Knoblauch
Etwas Olivenöl
100 ml pflanzliche Sahne

Für die Hirsebällchen:
250 g Goldhirse
500 ml Gemüsebrühe
½ TL Kurkuma
1 EL Hefeflocken

Zum Garnieren:
Frische Kresse
Gerösteter Sesam

Nährwerte p. P.

229 kcal
9 g Fett
26 g Kohlenhydrate
11 g Eiweiß

1 Zuerst den Knoblauch und die Zwiebeln fein hacken und beides in etwas Olivenöl anbraten.

2 Die Süßkartoffeln werden geschält und in kleine Würfel geschnitten. Diese dann zu den Zwiebeln geben und anschließend mit 100 ml Wasser aufgießen.

3 Für etwa 15-20 Minuten mit Deckel köcheln lassen, bis das Gemüse richtig weich ist.

4 Danach kommt die Sahne dazu. Mit der Sahne gemeinsam alles noch einmal aufkochen lassen. Dann kann alles mit Hilfe eines Stabmixers püriert werden. Nach Geschmack noch ein wenig mehr Sahne dazugeben. Das Püree noch mit Salz und Pfeffer abschmecken und fertig ist es.

5 Nun kommen wir zu den Hirsebällchen. Dafür die Hirse gründlich in einem Sieb abwaschen und anschließend gemeinsam mit 500 ml Brühe und Kurkuma in einem Topf aufkochen lassen. Im Anschluss mit Deckel für weitere 30 Minuten kochen lassen.

6 Die Hirse dann mit Salz und Pfeffer würzen, etwas abkühlen lassen und dann die Hefeflocken untermischen.

7 Ihre Hände anfeuchten und aus der Hirse kleine Kugeln formen. Anschließend etwas Öl in einer Pfanne erhitzen und die Kugeln dann darin anbraten, bis sie goldbraun sind.

8 Die Bällchen schließlich mit Süßkartoffelpüree servieren. Mit etwas Kresse und geröstetem Sesam garnieren.

FRISCHE KARTOFFELN MIT AVOCADODIP

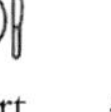

2 Port. 45 Min. Leicht

Zutaten

6 Kartoffeln
2 Avocados
1 Zitrone
1 Prise Pfeffer
1 Prise Kräutersalz

Nährwerte p. P.

729 kcal
59 g Fett
45 g Kohlenhydrate
9 g Eiweiß

1 Die Kartoffeln waschen und in Salzwasser weichkochen. Nun die Kartoffeln jeweils in der Mitte durchschneiden.

2 Währenddessen die Avocados schälen und die Kerne entfernen. Beide dann mit einer Gabel in einer Schüssel zerdrücken. Mischen Sie schließlich die Gewürze und den Saft der Zitrone unter.

3 Die aufgeschnittenen Kartoffeln werden nun auf zwei Teller gelegt. Die Kartoffeln nun mit der Avocadocreme bestreichen. Garnieren Sie das fertige Gericht nach Belieben noch mit frisch gehackter Petersilie.

LECKERE GEMÜSEPFANNE MIT SPINAT UND KAROTTE

2 Port.

45 Min.

Leicht

Zutaten

1 große Karotte
1 Stange Lauch
1 Handvoll frischer Spinat
1 kleiner Brokkoli
3 EL Sesamöl
1 EL Sesamsalz
½ TL Mangopulver
Kurkuma
Gemahlener Kreuzkümmel
Galgant
Frisch gemahlener schwarzer Pfeffer
Bockshornklee, gemahlen
Gemahlener Koriander
1 Handvoll frische Petersilie

Nährwerte p. P.

115 kcal
8 g Fett
9 g Kohlenhydrate
5 g Eiweiß

1 Die Karotten waschen und die Enden abschneiden. Die Karotten mit einer Gemüsespaghettimaschine zubereiten.

2 Den Lauch abwaschen und die Wurzeln entfernen. Den Lauch der Länge nach in Viertel schneiden und die Lauchstreifen etwa 7 cm lang schneiden.

3 Im Anschluss kann der Spinat gewaschen, geputzt und klein geschnitten werden.

4 Den Brokkoli waschen und in kleine Röschen schneiden. Die Röschen dann noch einmal durchschneiden.

5 Etwas Sesamöl in einer Pfanne erhitzen und den Lauch gemeinsam mit den Gewürzen darin andünsten.

6 Im Anschluss kommen der Brokkoli, die Karotten und der Spinat dazu. Alles wenige Minuten unter Rühren anbraten.

7 Die Petersilie waschen und in kleine Stücke schneiden. Das Gemüse auf Tellern anrichten und mit frischer Petersilie garnieren.

INDISCHES GEMÜSE-CURRY

6 Port. 45 Min. Leicht

Zutaten

1 Stück Zwiebel
2 Zehen Knoblauch
1–2 rote Chilischoten
500 g Süßkartoffeln
300 g Brokkoli
1 Zucchini
1 gelbe Paprikaschote
2 Fleischtomaten
1 Limette
2 EL Sonnenblumenöl
1 Zimtstange
Etwas Salz und Pfeffer
Etwas Zucker
1–2 TL Currypaste
600 ml Kokosmilch
Etwas Sojasauce zum Würzen
1 Bund glatte Petersilie
1 Limette zum Garnieren

Nährwerte p. P.

362 kcal
17 g Fett
41 g Kohlenhydrate
9 g Eiweiß

1 Die Zwiebel und den Knoblauch schälen und klein hacken. Danach die Chili in kleine Ringe schneiden.

2 Die Süßkartoffeln schälen und in Würfel schneiden. Den Brokkoli in kleine Röschen schneiden und den Stiel klein schneiden.

3 Die Zucchini in feine Scheiben schneiden. Die Paprika und die Tomate in kleine Würfel hacken. Etwas Schale von der Limette abreiben und dann die Frucht auspressen.

4 Etwas Öl in einem Topf erhitzen und die Zwiebel, die Chilis, die Limettenschale, den Knoblauch und die Zimtstange hinzugeben. Danach die Currypaste einrühren. Danach die Süßkartoffelwürfel, die Paprika und die Zucchini dazugeben und alles mit Salz und Pfeffer verfeinern.

5 Im Anschluss die Tomaten unterrühren und alles mit Kokosmilch auffüllen. Alles 10 Minuten köcheln lassen.

6 Danach den Brokkoli hinzugeben und alles mit Salz, Pfeffer, Zucker, Limettensaft und Sojasauce abschmecken. Nach 5 Minuten ist das Curry fertig. Das Curry dann mit Limettenspalten und Petersilie garnieren.

Leckere Desserts

LECKERER MANDEL-APFEL-KUCHEN

1 Port. 20 Min. Leicht

Zutaten

Für den Teig:
150 g gemahlene Mandeln
5 EL ungesüßte Mandelmilch
50 g Rosinen
10 Weintrauben

Für den Belag:
5 Aprikosen
1 Spritzer Zitronensaft
2 kleine Äpfel
1 Scheibe Zitrone
1 EL Mandelblättchen

Nährwerte p. P.

230 kcal
17 g Fett
16 g Kohlenhydrate
26 g Eiweiß

1 Zuerst wird der Teig zubereitet. Dazu einfach die Rosinen, die Weintrauben und die Mandelmilch in einem Mixer zerkleinern, bis eine cremige Masse entsteht.

2 Diese Masse geben Sie nun gemeinsam mit den gemahlenen Mandeln in eine Schüssel.

3 Füllen Sie den Teig dann in einen Tortenring auf eine Tortenplatte. Nun kommen wir zum Belag. Dafür einfach die Aprikosen und den Zitronensaft in einen Standmixer geben und pürieren.

4 Danach die Äpfel schälen und die Kerne entfernen. Schneiden Sie sie dann in dünne Scheiben. Jede Apfelscheibe wird dann mit etwas Zitronensaft eingerieben. Dadurch wird verhindert, dass die Äpfel braun werden.

5 Verteilen Sie im Anschluss das Aprikosenmus auf dem Boden und schichten Sie dann die Apfelscheiben darauf. Nun kommen noch ein paar Mandelblättchen obendrauf.

6 Geben Sie den Kuchen jetzt für 20 Minuten bei 200 Grad Celsius Ober-/Unterhitze in den Ofen. Der Teig sollte danach eine Konsistenz wie ein Keks haben.

SAFTIGER WINTER-BRATAPFEL

4 Port.

25 Min.

Leicht

Zutaten

4 Äpfel
50 g Mandeln
60 g Rosinen
1 Tasse Wasser
1 Paket Vanillepudding
1 l warme Milch
100 g Zucker
Etwas Ahornsirup

Nährwerte p. P.

250 kcal
5 g Fett
51 g Kohlenhydrate
2 g Eiweiß

1 Zuerst werden die Rosinen in etwas Wasser eingeweicht. Anschließend das Vanillepulver mit 1 l warmer Milch vermischen. Geben Sie dann noch den Zucker dazu und rühren Sie so lange, bis eine cremige Vanillesauce entsteht.

2 Die Äpfel gut waschen und das Gehäuse aus dem Apfel entfernen, ohne dass der Apfel dabei zerstört wird.

3 Das Wasser der Rosinen abgießen und die Mandeln, die Rosinen und den Ahornsirup in einer Schüssel mischen. Diese Masse wird dann nach und nach in die Äpfel gefüllt.

4 Die Äpfel werden nun in eine Auflaufform gestellt. Geben Sie jetzt noch die Hälfte der zubereiteten Vanillesauce darüber.

5 In der Zwischenzeit kann der Ofen auf 180 Grad Celsius Ober-/Unterhitze vorgeheizt werden. Anschließend kommen die Äpfel für ca. 30 Minuten in den Ofen.

6 Nach dem Backen wird die restliche Sauce über die fertigen Äpfel gegossen.

CREMIGER HIRSE-PUDDING

2 Port.

20 Min.

Leicht

Zutaten

2 Tassen Wasser
1 Tasse Hirse
½ Tasse frische Sahne
4 EL Chufas-Nüssli
4 getrocknete Feigen, Datteln oder Mangoscheiben
6 süße Mandelkerne
Etwas Zimt
1 Prise Salz

Nährwerte p. P.

216 kcal
3 g Fett
39 g Kohlenhydrate
6 g Eiweiß

1 Die Trockenfrüchte ungefähr eine Stunde vorher gründlich abwaschen. Dann in kleine Stückchen schneiden und in etwas Wasser einlegen.

2 In einem kleinen Topf Salzwasser aufkochen. Die Hirse gründlich in einem feinen Sieb abwaschen und die Hirse danach mit in den Topf geben. Das Ganze dann für etwa 25 Minuten ziehen lassen, bis die Hirse richtig aufgequollen ist.

3 Nun werden die Trockenfrüchte gemeinsam mit dem Wasser zu der Hirse gegeben.

4 Danach kommt noch die Sahne dazu und fertig ist der Pudding. Füllen Sie den fertigen Pudding in zwei Schalen und garnieren Sie ihn mit den Mandeln, dem Zimt und den Chufas-Nüssli.

KÖSTLICHER BANANENKUCHEN

8 Port.

45 Min.

Leicht

Zutaten

3 Bananen
150 g Apfelmus
100 ml Hafermilch
1 Prise gemahlene Vanille
1 EL Kokosöl
200 g Dinkelmehl Type 630
2 TL Backpulver
1 TL Zimt
1 Prise Salz

Für den Kakaoteig:
1 EL Backkakao
1 TL Hafermilch
Nach Belieben 200 g Frischkäse und 2 EL Apfelmus

Nährwerte p. P.

259 kcal
13 g Fett
31 g Kohlenhydrate
3 g Eiweiß

1 Heizen Sie als Erstes den Ofen auf 175 Grad Celsius Ober-/Unterhitze vor. Nun eine kleine Springform (etwa 20 cm) nehmen und einfetten. Das Fett dann mit etwas Mehl bestäuben.

2 Die Bananen entweder mit einer Gabel zerdrücken oder in einem Mixer pürieren. Anschließend mit der Milch, dem Apfelmus, dem Kokosöl und der Vanille gut mischen. Am Ende sollte eine homogene Masse entstehen.

3 Jetzt das Mehl, den Zimt, das Backpulver und das Salz untermischen. Halbieren Sie den Teig und verfeinern Sie eine Hälfte mit dem Kakao und der Milch.

4 Nun abwechselnd den hellen und den dunklen Teig in die Form geben, so entsteht am Ende ein schönes Muster.

5 Den Kuchen für ca. 35 Minuten in den Ofen geben und backen. Nach Belieben können Sie nun noch eine Creme zum Garnieren aus Frischkäse und Apfelmus zubereiten und diese auf dem abgekühlten Kuchen verstreichen.

Fingerfood & Snacks

ENERGY-RIEGEL

 12 Port.  18 Std.  Leicht

Zutaten

150 g Haferflocken
50 g Haselnüsse
50 g Walnüsse
50 g Cashews
50 g Cranberrys
3 EL Erdnussmus
2 Bananen

Nährwerte p. P.

223 kcal
16 g Fett
10 g Kohlenhydrate
7 g Eiweiß

1 Zuerst den Ofen auf 180 Grad Celsius Ober-/Unterhitze vorheizen und eine passende Form mit Backpapier auslegen. Im Anschluss die Haselnüsse, die Walnüsse und die Cashews klein hacken.

2 Zerdrücken Sie die Bananen mit einer Gabel und lassen Sie das Erdnussmus in einem Topf schmelzen.

3 Vermischen Sie die Bananen, das Erdnussmus, die Nüsse, die Cranberrys und die Haferflocken gut miteinander und pressen Sie dann alles in die Form.

4 Jetzt für etwa 25 Minuten in den Ofen geben. Wenn die Masse noch warm ist, in 12 Riegel schneiden.

KNUSPRIGE GEMÜSECHIPS

2 Port.

18 Std.

Leicht

Zutaten

2 Kartoffeln
1 rote Rübe
1 Süßkartoffel
1 Pastinake
3–4 EL Rapsöl
Eine Handvoll frische Kräuter nach Wahl
Etwas Salz und Pfeffer

Nährwerte p. P.

228 kcal
11 g Fett
25 g Kohlenhydrate
4 g Eiweiß

1 Das Gemüse gut waschen und nach Bedarf schälen. Danach in dünne Scheiben schneiden.

2 Die Gemüsescheiben zusammen mit dem Öl und den Kräutern in eine Schüssel geben und gut mischen.

3 Ein Blech mit Backpapier auslegen und die Chips darauf verteilen. Bei 200 Grad Celsius Ober-/Unterhitze für 20-30 Minuten in den Ofen geben. Danach noch salzen und pfeffern.

KNUSPRIGE POMMES AUS GEMÜSE MIT DIP

2 Port.

45 Min.

Leicht

Zutaten

500 g Möhren
2 Kohlrabi
400 g Süßkartoffeln
4 EL Olivenöl
1 EL edelsüßes Paprikapulver
½ TL rosenscharfes Paprikapulver
Etwas Salz und Pfeffer
400 g veganer Magerquark
150 g vegane saure Sahne
½ Bio-Zitrone
½ Bund Petersilie
½ Bund Schnittlauch

Nährwerte p. P.

228 kcal
11 g Fett
25 g Kohlenhydrate
4 g Eiweiß

1 Den Ofen auf 180 Grad Celsius Ober- /Unterhitze vorheizen.

2 Die Möhren, die Süßkartoffeln und den Kohlrabi in feine Stifte schneiden. Das Öl und die Gewürze in eine große Schüssel geben und das Gemüse darin mischen.

3 Die Pommes nun auf ein mit Backpapier ausgelegtes Blech geben und für 30 Minuten backen.

4 Den Quark und die Sahne in eine Schüssel geben und mischen. Die Zitrone heiß abwaschen und 1 TL der Schale abreiben. Den Saft auspressen.

5 Petersilie und Schnittlauch waschen und fein hacken. Die Kräuter, Salz, Pfeffer, Zitronensaft und -schale mit in die Schüssel geben und alles zu einem Dip vermischen.

KARTOFFELECKEN MIT BÄRLAUCH

2 Port.

45 Min.

Leicht

Zutaten

20 g Bärlauch
100 g Joghurt
50 g Sauerrahm
400 g Kartoffeln
25 g Rapsöl
1 g Pfeffer
25 ml Wasser
1 g Salz

Nährwerte p. P.

228 kcal
11 g Fett
25 g Kohlenhydrate
4 g Eiweiß

1 Die Kartoffeln waschen und in Spalten schneiden. Den Bärlauch gut waschen.

2 Den Bärlauch mit Wasser und Öl in einen Mixer geben und pürieren. Die Mischung mit Salz bestreuen.

3 Die Kartoffeln mit dem Bärlauchöl marinieren und auf ein Backblech geben. Dann bei 180 Grad Celsius Ober-/Unterhitze für 30 Minuten backen.

4 Den Joghurt und den Sauerrahm mischen und mit Salz und Pfeffer abschmecken. Die Spalten mit dem Dip servieren.

Getränke

ERFRISCHENDER JOHANNISBEEREISTEE

7 Port.

12,5 Std.

Leicht

Zutaten

200 g TK-Johannisbeeren
150 ml Wasser
2 Beutel weißer Tee
Nach Belieben Eiswürfel

Nährwerte p. P.

82 kcal
0 g Fett
14 g Kohlenhydrate
1 g Eiweiß

1 150 ml kochendes Wasser auf die Teebeutel gießen und dann kurz ziehen lassen. Danach erkalten lassen.

2 Die Johannisbeeren in ein Gefäß geben und etwas auftauen lassen.

3 Den Tee und die Eiswürfel zu den Beeren geben und alles pürieren. Dann alles in ein Glas füllen.

KÖSTLICHER EISTEE FÜR DEN SOMMER

6 Port.

15 Min.

Leicht

Zutaten

1,5 l Wasser
2 Beutel Wacker Basentee Bio
1 ½ Zitronen
Nach Belieben Kokosblütenzucker
Nach Wunsch Eiswürfel

Nährwerte p. P.

150 kcal
0 g Fett
37 g Kohlenhydrate
1 g Eiweiß

1 Das Wasser aufkochen lassen und den Tee aufgießen. Dann alles erkalten lassen.

2 Die Zitrone gut auspressen und zum Tee geben.

3 Schließlich den Tee mit Kokosblütenzucker abschmecken und mit Eiswürfeln servieren.

CREMIGER SMOOTHIE MIT BLAUBEEREN

1 Port.

5 Min.

Leicht

Zutaten

125 g Blaubeeren (gefroren)
½ Banane
150 ml ungesüßte Hafermilch

Nährwerte p. P.

236 kcal
3 g Fett
44 g Kohlenhydrate
7 g Eiweiß

1 Einfach alle benötigten Zutaten in einen Mixer geben, dann in ein Glas füllen und kühl genießen.

FRISCHER ZITRONENTEE

2 Port. 15 Min. Leicht

Zutaten

1 l Wasser
Abrieb einer unbehandelten Zitrone
1 EL frisch gepresster Zitronensaft
1 TL Honig, je nach Wunsch mehr

Nährwerte p. P.

96 kcal
0 g Fett
23 g Kohlenhydrate
0 g Eiweiß

1 Einen Topf nehmen und das Wasser zum Kochen bringen. Die Zitronenschale hinzugeben und die Hitze abstellen. Dann alles für ca. 10 Minuten ziehen lassen.

2 Den Tee nun durch ein feines Sieb in eine Teekanne füllen und mit Zitronensaft und Honig auffüllen.

DETOX-GETRÄNK MIT FRISCHEN KRÄUTERN

2 Port.

15 Min.

Leicht

Zutaten

1 TL getrocknete Brennnessel
1 TL getrockneter Löwenzahn
500 ml Wasser
1 EL Heilerde
15 Tropfen wasserlösliche Propolis-Tinktur
1 EL Apfelessig

Nährwerte p. P.

13 kcal
0 g Fett
3 g Kohlenhydrate
0 g Eiweiß

1 Die Kräuter mit 500 ml gekochtem Wasser aufgießen. Den Tee für ca. 10 Minuten ziehen lassen.

2 Der Tee sollte auf Zimmertemperatur abgekühlt sein. Dann die übrigen Zutaten hinzugeben und alles gründlich mischen.